KINZAI バリュー叢書

はじめてのイスラム金融

京都大学大学院特任准教授
吉田　悦章 [著]

一般社団法人 金融財政事情研究会

はしがき

　イスラム金融という語が新聞紙上にしばしば躍った2000年代半ばから、早いもので約10年が経った。その間に、当時驚異的なスピードで成長していたイスラム金融は、1バレル当り140ドル台から30ドル台への油価急落、リーマン・ショックとその後の世界金融危機、ドバイ・ショック、欧州債務危機、バーナンキ・ショックによる新興国からの資本流出、100ドルに戻った油価の再度の下落と低水準での推移、人民元ショックを受けた新興国不安など、幾多の苦難に直面しながらも、一定の耐性をもちながら着実な成長を続けている。

　今般、金融財政事情研究会より「その後の進展や最新動向を盛り込んだかたちでイスラム金融の書籍を出したい」との提案を受けた時、世の中の浮き沈みに流されないきちんとした考えに基づくものとの印象をもち、二つ返事でお引き受けした。換言すれば、「はやっているから」というだけの浮わついた関心ではなく、世界や日本の金融を見回したときに世に出す価値のあるテーマは何か、という問題意識があったのだと思う。

　実は、初学者向けのイスラム金融に関する書籍という、本書と類似したコンセプトのもとで、筆者はすでに『イスラム金融入門』（東洋経済新報社）を2007年に著している。また、より間口の広い手軽な入門書として、光文社新書より『イスラム金融はなぜ強い』を2008年に出版した。さらに同年、共著にて出し

た『現代のイスラム金融』（日経BP社）でも基本スキームやビジネス事情等の部分を担当した。本書は、これらが出版された2007〜08年からのアップデート情報をふんだんに盛り込んでいるほか、イスラム金融に関する筆者自身の理解・考え方も成長していることから、それらの書籍のブラッシュアップ版ととらえてもよいだろう。

　筆者は、今年度（2015年度）より京都大学の特任准教授として学術研究の幅を広げる場を与えていただいているが、2008年以来、早稲田大学ファイナンス研究センターでイスラム金融等の研究に従事しつつ、同時に同大大学院ファイナンス研究科の正規の授業科目である「イスラム金融」を講義してきた。本書は、数年分の講義資料も参照しながら、イスラム金融の実務的側面を中心に、金融関係者向けに解説することを企図して執筆された基本テキストである。イスラム金融の変化・成長のスピードは速いため、2008年に作成した講義資料の内容は次第に陳腐化し、その時々の時事ネタを解説する記事などの配付資料も含めれば、現在の講義資料の内容のうち、2008年版と共通する内容は半分にも満たないと思う。初学者向けの書籍ではとてもすべてをカバーしきれるわけではなく、たとえば本書では諸外国のイスラム金融制度、海外金融機関の取引スキームを含む事業展開状況等の詳細などは掲載していないが、グローバル・イスラム金融のいまを知るために必要な基礎知識は不足することなく盛り込んだつもりである。

　このような貴重な機会を与えてくれ、周囲の諸事情に巻き込

まれがちで遅筆な筆者を見事に管理し発刊に導いてくれた、一般社団法人金融財政事情研究会出版部の髙野雄樹さんと堀内駿さんには、あらためて感謝申し上げたい。

　また、いつものことながら余暇の時間の大半を研究・執筆に費してしまう筆者を寛大に見守ってくれた妻・幸子にも、この場を借りて礼をいう。

2016年2月

吉田　悦章

目　次

第Ⅰ編　概要：イスラム金融とは何か

第1講　ハラル、シャリア、イスラム金融 …………………… 2
第2講　世界の現状 ……………………………………………… 6
第3講　基本用語ととらえ方 …………………………………… 10
　［コラム1］「イスラム／イスラーム」問題 ………………… 14
第4講　よくある誤解 …………………………………………… 16
第5講　イスラム金融を理解するための3原則 ……………… 20
　［コラム2］アラビア語との格闘 …………………………… 24
第6講　シャリアとその審査過程 ……………………………… 26
　［コラム3］イスラム金融を綴る言語 ……………………… 30
第7講　利子回避の意味と意義 ………………………………… 32
　［コラム4］日本人の価値観とコーラン …………………… 36

第Ⅱ編　商品組成技術：利子をとらない金融の枠組みとその適用

第8講　利子の概念を用いない金融のフレームワーク(1) …… 40
第9講　利子の概念を用いない金融のフレームワーク(2) …… 44
第10講　利子の概念を用いない金融のフレームワーク(3) …… 48
　［コラム5］Bloombergの利用 ……………………………… 52

第11講　商品(1)　預金・貸出 ……………………………… 54
第12講　商品(2)　スクーク（イスラム債） ………………… 58
第13講　商品(3)　株式投資ファンド等 ……………………… 62
第14講　商品(4)　デリバティブ──スワップとオプション …… 66
第15講　商品(5)　タカフル（イスラム保険） ……………… 70
　［コラム6］　イスラム金融、またの名を…… ……………… 73

第Ⅲ編　ニッポンのイスラム金融：グローバル競争のなかで

第16講　日本の取組み：これまでの発展 …………………… 76
第17講　金融機関の現状 ……………………………………… 82
　［コラム7］　イスラム銀行のアラブ・クールなブランド名 … 86
第18講　イスラム金融の資金がニッポンを変える ………… 88
第19講　制度の進展（その1）：銀行法関連 ………………… 92
　［コラム8］　イスラムと呼ばれないイスラム銀行 ………… 97
第20講　制度の進展（その2）：日本版スクークの整備 …… 98
第21講　取引実践が想定される分野：事業会社も含めて … 102

第Ⅳ編　実務上の諸問題：プロフェッショナル・サービスの活用法

第22講　法律面の取扱い方 …………………………………… 108
第23講　会計面の取扱い方 …………………………………… 112

目　次　v

［コラム9］　現場を覗く①：リテール銀行の窓口 ············· 116
第24講　人材育成：日本での学び方、専門人材の育成法 ··· 118
第25講　金融機関経営：リスク管理、規制対応、各種シ
　　　　ステム ··· 122
［コラム10］　現場を覗く②：シャリア・ボードの会合 ········ 126

第Ⅴ編　意義と展望：「事業本位の金融」がつくる国際金融秩序

第26講　イスラム金融の望む理念：事業を成長させる金
　　　　融 ·· 130
第27講　油価下落・金融危機とイスラム金融の将来展望 ··· 134
第28講　イスラム金融で国際競争力向上を ····················· 138

読書案内──「イスラム金融」の地平と奥行きを求めて ······· 143

参考文献 ··· 150
事項索引 ··· 156

第Ⅰ編

概要：イスラム金融とは何か

第1講 ハラル、シャリア、イスラム金融

「イスラム金融」という言葉自体は、日本の金融関係者の間において、もはやそれほど目新しいものではなくなったと思う。2005年前後、図表1にみられるように国際原油価格が50ドル前後まで上昇していた頃、わが国の金融業界や経済メディアなどは、こぞってイスラム金融への関心を高めた。また、2008年頃からは、質の良し悪しは別として多くの邦文書籍も出版された。

最近では、国内でハラル産業（イスラムの教えに沿った［＝ハ

図表1　原油価格の推移

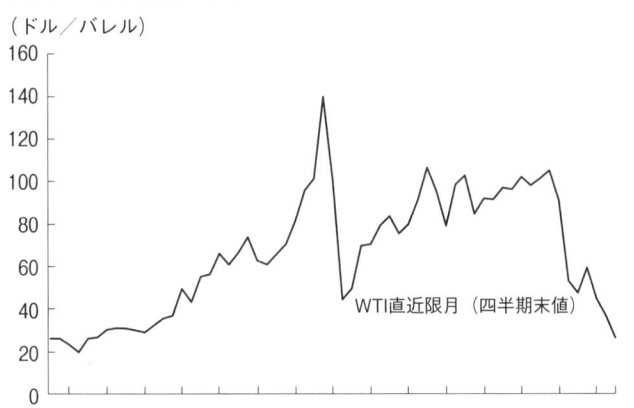

（注）　WTI（World Texas Intermediate）は国際原油価格の代表的指標。
（出所）　Bloomberg

ラル〕レストランや食品、観光、化粧品などの関連産業）への関心も高まっており、その文脈にイスラム金融を置くこともできる。イスラムの教義に照らして問題ないサービスを、ムスリム（＝イスラム教徒）向けに提供するという点では、ハラル・レストランなどとイスラム金融の間に大きな差はない。金融であれ食品であれ、日本にムスリムがあまり多くないことをふまえると、主な需要は海外にあるとみてよいが、観光客の増加や日本企業の海外展開の進展などに伴い、イスラムとの接点は増えるばかりである。

　日本の金融機関が取り組む事例も増えてきた。詳細は第16、17講で触れるが、3メガバンクも2大独立系証券会社も、また複数の大手損害保険会社も含めて、いずれもイスラム金融を提供した実績をもつ。その背景には、日本の金融当局である金融庁等の政策的支援も大きく影響している（第19、20講参照）。また、トヨタのように世界的な知名度をもつ日本企業がイスラム金融取引の実績を重ねている（第17講で後述）ことは、世界のイスラム金融業界の関係者に、わが国がイスラム金融に関与していることを強く印象づけている。

　そもそもイスラム金融とは、イスラムの教義にのっとった金融である。大雑把にいえば、①取引において金利（利子、利息などを含む。以下、これらはほぼ同義として扱う）を用いないこと、②教義に反する事業への資金提供を行わないこと、がその要点である。「イスラムの教義」はアラビア語で「シャリア（*Shariah*）」と呼ばれる（第3講参照）。イスラム金融では、教

第Ⅰ編　概要：イスラム金融とは何か　3

義にのっとっていることにつき「シャリア適格（*Shariah compliant*）」と表現することが多い。

　一口に「イスラム金融」といっても、その間口は広い。イスラムの貸付取引もあれば、イスラム債券もある。イスラム預金、イスラム株式投資信託、イスラム不動産投資ファンド、イスラミック・プライベート・エクイティ・ファンド、イスラム保険などのほか、デリバティブ取引としてイスラミック・スワップやイスラミック・オプション、証券化取引としてイスラミックRMBS（住宅ローン担保証券）などといった高度なストラクチャや契約技術などを伴うものもすでに開発・取引されている。このようにみると、「イスラム金融」とは総称としての性格が強く、ビジネスやファイナンス研究の対象として扱う際には、具体的な商品レベル、あるいはもう少し抽象度を上げた業務分野レベル（イスラミック・バンキングやイスラム資本市場など）を土台として考えることが多い。

　以下本書では、このようなイスラム金融に関して、初歩的なところから金融実務の側面に焦点を当てて解説していく。こうしたアプローチのため、たとえば宗教の研究者からみれば、必ずしもそうとは言い切れないような表現があるなど厳密性を欠く部分があるかもしれないが、金融実務家向けということでご容赦いただきたいと思う。また、上述のとおりイスラム金融は、具体的な商品レベルでみればきわめて多岐にわたるものであるため、筆者がすべての金融分野に関してプロフェッショナルであることを前提とするのは現実的ではなく、たとえば株式

投資ファンドのエキスパートからみれば甘い書き振りの部分も多々あるかと思うが、これも大目にみていただきたい。

　むしろ筆者自身、イスラム金融の情報収集・学術研究を通じて、金融一般に関する理解を深めることができた。また、イスラムそのものに関する知識を増やすことができ、アラブ諸国の文化を知ることができ、他社株転換債やイブン・ハルドゥーンについて勉強することができ、金融商品取引法や資産流動化法の条文の解釈を知ることができた。要するに、イスラム金融により、知識の幅を広げ学際的な着眼点をもつきっかけを得られたということである。その意味で、本書によるイスラム金融の理解が、読者の知識の幅を広げるうえで何かのひらめきにつながる契機となることも、あわせて期待している。

　さらにイスラム金融は、金融業界にとっての事業の選択肢となるのみではなく、先に触れたように事業法人が利用することにより海外市場におけるマーケティングのツールとなりえたり、外交政策レベルで考えればイスラム圏との接点を得る手段となったりもする、幅広い接し方がありうる分野である。次講にて紹介するグローバル規模での地理的な広がりや、第Ⅱ編で扱うような金融商品としての品揃えの面を含め、イスラム金融は実に多様な形態で実践されている。本書を読み進めることで、そうした多様性を理解するうえで必要となる基礎知識を、主として金融実務の側面から身につけることができる。本書を海図として、イスラム金融の大海原に漕ぎ出でてみよう。

第2講 世界の現状

　イスラム金融の全世界の市場規模は、2015年時点で2兆ドル前後とみられている[1]。油価上昇時にはペトロダラー（＝オイルマネー）との関連で注目された政府系ファンド（ソブリン・ウェルス・ファンド）の資産規模が約7兆ドル[2]、ヘッジファンドの資産規模がおよそ3兆ドル[3]であるため、それらよりはやや小さい。そして、世界全体の金融市場規模がおよそ287兆ドル（IMF［2015］による）であることをふまえると、イスラム金融のシェアは1％にも満たないということになる。

　それでもイスラム金融が多くの国際金融関係者から注目される理由の一つは、成長率の高さにあるとみてよいだろう。世界規模での公式統計はないが、時系列データを得やすい、英国の調査機関TheCityUKの推計によれば、図表2のとおり趨勢的な増加がみられる。2006～14年の8年間の平均年間成長率（CAGR：複合成長率）は20.2％にのぼるほか、コンサルティング会社であるベリングポイントのレポート[4]では2018年までに3兆ドルに達するとの見方も示されるなど、高成長を続ける金

1　TheCityUK（2015）による。
2　SWF Instituteのウェブサイトによる。
3　HFR（2015）による。
4　BearingPoint Institute（2015）。

図表2　イスラム金融資産残高の推移

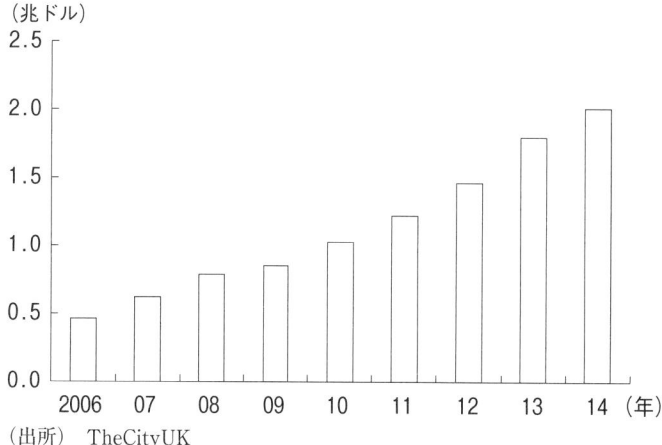

（出所）　TheCityUK

融分野ととらえることができる。

　しばしば、イスラム金融の目を見張るべき成長は2000年代半ば以降の原油高を受けたいわゆる「オイルマネー」によるものといわれる。原油高がイスラム金融資産の増加に寄与した部分は大きくあるだろうが、理由をそれだけにとどめることには違和感をもつ。というのも、図表1のとおり2008年半ばや2014年後半に原油価格が急落しているが、それだけでイスラム金融が同様に急減するような状況を観察することはできないからである。もちろん、仔細かつ特定の取引等に限れば、あるいはリーマン・ショックのような関連する外的ショックをも勘案すれば、油価下落と同じ頃にイスラム金融の成長を阻害するような事象があることは否定しない。ただ、オイルマネーの伸び悩み

のみでイスラム金融の成長が目立って阻害されているわけではない。むしろイスラム金融は、国際金融市場や各国の金融業界において、すでに制度化された一分野ととらえることができ、安定的な成長を続けるとみられるのである。こうした点については第4講で論じる。

　その一つの背景として、イスラム金融に取り組む国が増えていること、そしてそれによりグローバル・イスラム金融市場の属性に多様性が生まれていることを指摘することができるだろう。イスラム金融の先進地域であるペルシャ湾岸の国々やマレーシアのような、イスラム教徒が人口のマジョリティを占める国（以下「イスラム圏」）のみならず、シンガポール・英国・香港・南アフリカ・ルクセンブルクがイスラム金融の国債（シンガポールは中央銀行債）を発行した事例もあるなど非イスラム圏の国もイスラム金融に関与する傾向が強まっている。民間金融機関をみても、米系投資銀行のゴールドマン・サックスがスクーク（イスラム債）を発行したほか、フランスやドイツにもイスラム専業銀行が設立されている（それぞれ、モロッコ系のNoorAssur、トルコ系のKT Bankなど）。英国にはすでに五つのイスラム専業銀行がある。

　また、これまで述べた国々はいずれも発達した金融市場をもつが、金融市場が未成熟な地域（たとえば、バングラデシュ、パキスタン、モルディブなどの南アジア地域、ナイジェリア、セネガル、ケニア、タンザニアなどのアフリカ諸国、中央アジア地域など）においても、預金・貸付、イスラム保険（タカフル）、マイ

クロファイナンス（低所得者層向け小口金融）など、金融技術の面で比較的単純な取引を中心にイスラム金融の実践がみられている。

これらをまとめると、図表3のマトリクスが描ける。各国それぞれの要因によってさまざまな形態でイスラム金融が実践されているのである。各市場の特徴をとらえるうえでは、このような社会環境の分類が有用なケースも多い。

本書では各地の詳細については扱わないが、読者におかれては、イスラム金融が世界の多くの国々においてさまざまなかたちで実践されていることを念頭に置きつつ本書を読み進めていただきたいと思う。

図表3　イスラム金融の市場分類マトリクス

	金融先進国	金融途上国
イスラム圏諸国	サウジアラビア、バーレーン、UAE、マレーシア、ブルネイ等	パキスタン、トルコ、中央アジア諸国、アフリカ諸国等
非イスラム圏諸国	英国、米国、フランス、ドイツ、シンガポール、香港、日本、韓国、豪州等	ブラジル等

（出所）　筆者作成

第3講 **基本用語ととらえ方**

　本講では、イスラム金融の初歩的な理解に必要となる重要な基本用語や大まかなとらえ方などにつき説明する。

(1) 基本用語

- シャリア：大雑把にいえば、イスラムの教義と考えてよい。「イスラム法」と表記されることもあるが、人間の制定した「法律」よりは広い概念で、日常生活における行動様式等も規定したものである。イスラム金融がイスラム金融たるゆえんは、シャリアにのっとっていることにある。シャリアにのっとっていることは、第1講でみたように、英語で*Shariah* compliantといい、日本語では「シャリア適格」と表現する。実際にどのようにしてシャリアにのっとっていることを確認するかについては、第6講「シャリアとその審査過程」で説明する。「シャリア」か「シャリーア」かという表記をめぐる論点については、コラム1を参照されたい。
- リバー：金利のこと。何がリバーとなるかは、第7講にて言及する。
- ハラル／ハラム：ハラルはシャリアの観点で「許される」もの、ハラムは「禁じられる」ものである。「ハラルフード」などの語はもはや一般化したと考えてよいだろう。その意味

でイスラム金融は、ハラルな金融であり「ハラル・ファイナンス」と呼ばれることもなくはないが、あまり一般的ではない。また、前項と同様に「ハラル／ハラム」なのか「ハラール／ハラーム」なのかについてはコラム１を参照されたい。

● **コンベンショナル金融**：イスラム金融ではない、日本人が日常触れる一般の金融を意味する。英語では通常、conventionalと呼ばれるため、本書ではそのカタカナ表記を用いる。直訳すれば「伝統的な」「従来型の」となるが、実態とは異なる語感を与える可能性があるため、これらの語は用いない。たしかにコンベンショナル金融はイスラム金融が起こる前からあるものであるが、進化・拡張の水準や速度はむしろイスラム金融を上回っており、そうした訳語では古いとのニュアンスが強調されかねないからである。「西洋型」との表記もありうるだろうが、西洋の反対語は東洋であり、「イスラム」とは必ずしも直結しない。「一般」「通常」といった訳語を用いることも便利であるが、文章にするうえで「通常金融では通常〜」「一般的にいって一般金融では」というように重複することがありうるなどして読みにくい。このため、日本語として特定のニュアンスをあまりもたないカタカナ表記により記号的にイスラム金融の反対概念を表現する。なお、「コンベンショナル」は、「コンベンショナル債券」や「コンベンショナル銀行」といった形容詞としても頻繁に用いられる。

● **ウィンドウ**：コンベンショナル金融機関が兼業でイスラム金

融サービスを提供する部分について、窓口でのみ提供しているという意味で「イスラミック・ウィンドウ」と呼ぶ。そもそもイスラム金融サービスを提供する金融機関には、そのように兼業で行うものと、イスラム金融専業で行うものとの2種類がある。専業銀行には、もともとイスラム専業銀行として設立されたものと、コンベンショナル銀行から分社化したものとがある。

(2) 大まかなとらえ方

　上述のとおり、本書は金融実務家を念頭にイスラム金融の実践の現状について初歩的な情報を提供することを目的としているが、一方で銀行員向けのマニュアルや資格試験の解説テキストにとどめる意図はない。実用を展望したイスラム金融理解の一助とすることが真の目的であるため、そのために必要な、誤解されがちなイスラム金融の大局的な要諦をおさえておこう。

　最もよく知られるイスラム金融の特徴は利子の禁止であるが、その禁忌だけがイスラム金融の特徴ととらえるとイスラム金融の本質を見失う。シャリアにおいて、金融ならびに経済の側面で重視されるポイントは、大雑把にいえば「実業の重視」と「公平の確保」である。第8～10講において、利子を回避するための金融取引のスキームを解説するが、それらはすべて「金融取引が発生する以上、それを商業や投資のかたちで実業の活性化につなげることを義務づけたもの」と理解すべきである。また公平の確保は、利子取引を不公平とみる（その内容は

第7講にて説明）ことからもうかがえる。よく知られる断食[5]も、貧者の苦しみを分かち合うものであるし、ザカート（喜捨）と呼ばれる義務的な寄付も、仕組みとして貧困層や信仰活動を資金面から支援する社会システムであり、公平に資するものといえる。不明瞭な契約が回避されるのも、契約当事者同士の公平な権利・義務の確保を目的としているからである。

以下、イスラム金融のとらえ方を理解するため、初学者が抱きがちな認識につき、ソーシャル・ネットワーク・サービス（SNS）で観察される発言を参照しつつ簡単に解説を加える。

●「中華系マレーシア人いわく、華人からするとイスラム金融を使う必要性はない。が、使っている人は結構いる。なぜか。利率が高いから」：実際のパフォーマンスを分析すると、イスラム銀行預金の利率がコンベンショナル銀行のそれに比べて必ずしも常に高いとは限らないが「高くなる可能性がある」ことは事実である。少しでも高くなる可能性があるのであればそちらへ資金を動かす中華系マレーシア人にしばしばみられる行動特性を如実に描写したこの発言は、実態を知る意味でもおおいに参考となる。

●「利子ではなく手数料と言い換えれば大丈夫」：誤りである。現代イスラム金融の一般的なプラクティスとして、本書で述べるようなストラクチャを用い、シャリアのスクリーニング

---

[5] しばしば、イスラムの断食を「ラマダン」と誤解している例をみるが、ラマダンとは暦の月の名前（ラマダン月）である。ラマダン月の断食はサウムという。

を経たものでなければ「大丈夫」ではない。
- 「単利はよいが複利は不可」：イスラム金融ではあらゆる利子取引が禁止され（第7講参照）単利も禁止の対象となるため、この表現は誤りである。年利10％で100円を貸した際に、2年後の利子額は単利では10円だが、複利では1年目の利子額10円を元本に足した110円に対する10％と計算し11円となる。複利の場合の増え方が単利に比べて大きく、また期間が長ければ長いほどその差が大きくなるため、上記の認識はそうした効果の大きさをとらえて「イスラム金融で禁じられる」と考えたものかもしれないが、方式や水準にかかわらず資金がそのままで増殖する取引はリバーと解釈され、シャリアに抵触する。

「イスラム／イスラーム」問題

　本書のタイトルをみて、あるいはここまで読み進めて、「『イスラム』なの？　『イスラーム』なの？」と思った読者は少なくないだろう。正直なところ、筆者にもあまりこだわりがあるわけではないのだが、一般的には「イスラム」のほうがなじみ深いと思われる一方で、宗教や地域に関する学術研究の世界では「イスラーム」派が主流だ。また、同じ学術研究の集大成である辞書をみても、岩波書店は「イスラーム辞典」である一方、平凡社は「新イスラム事典」となっている。

　詰まるところ、アラビア語に近い「イスラーム」とするか、現時点では標準的な表記である「イスラム」に倣うか、という

問題である。筆者はアラビア語を解するわけでもないため本書では「イスラム」としているが、学術論文や研究発表では「イスラーム」の表記を用いることもある。同様にアラビア語の音を重視する方式に倣えば、「シャリーア」「ムダーラバ」「イジャーラ」「タカーフル」などとすべきなのだろうが、いかんせんアラビア語にはあの文字からして抵抗があるほか、むずかしいという話ばかりを聞くので、学び始める覚悟を決めることができないままである。筆者としては、アラビア語ではなく英語からの情報収集を主としているため、ある種の割り切りにより「シャリア」などと表記している。しかし日本人による情報発信のなかには、アラビア語の理解がないにもかかわらず「イスラーム」などとし他方で同じ資料に「ムダラバ」とあるのをみると、表記の方針があいまいであり不十分さを感じざるをえない。

　このような問題は、長い時間が経つにつれ、またイスラム金融に関する日本語表現機会が増えるにつれ収斂していく部分もあるだろう。そう考える筆者にとって驚きだったのが、いまの世界史の教科書には、「イスラーム」の表記となっているものがあることである。いわゆるジェネレーション・ギャップの類の話だが、たとえばいまの高校生のなかから、将来、第一線のイスラミック・バンカーが多く出てくれば、「イスラーム」に統一される日も来るかもしれない。

　なお、この問題について筆者は、吉田（2007）のコラムでもその時点での見解を論じている。興味ある読者は読み比べていただきたいが、恥ずかしながら筆者のアラビア語の理解には9年の時を経てもほとんど進展がない。

第4講 よくある誤解

　前講の後半でもみたように、イスラム金融は、誤解を受けやすい。その名称、それが与える偏ったイメージもあるほか、そもそもなぜ宗教が金融に関係してくるのか、といった根源的な疑問も影響しているだろう。遠い外国で速いスピードで成長しており、正確な情報を得にくいという面もあるかもしれない。一方、ごく一部の情報をかいつまんだ日本人による情報発信が再生産を繰り返し、イスラム金融に関する誤った認識が流布している点も目立っている。以下では順にそれらにつき説明する。まずは初学者が抱きがちなイメージについて、マレーシアの法律事務所Zaid Ibrahim & Co.による資料「Demystifying Islamic Finance」（イスラム金融の謎を解く、の意）に掲載の「15のよくある質問」での指摘も含めながら、筆者なりの回答を簡潔に加えつつ説明する。

- **テロリスト向けの金融**：正しくない。なお、イスラム銀行の取引も反マネーローンダリング規制の対象となることから、コンベンショナル銀行と同等のチェックがかけられる。
- **コンベンショナル金融のレプリカ**：ある意味では正しい。第5講で説明するが、イスラム金融の現状のプラクティスをみるとコンベンショナル金融との類似性はきわめて高い。他方、第26講で論じるように、教義理念の側面をより重視すべ

きという論調もあり、コンベンショナル金融の模倣が跋扈する現状に安住しない発展が求められてもいる。

- **コンベンショナル金融に比してコストが高い**：金融機関としてはそのような見方でよいだろう。シャリアのスクリーニング（学者への費用、会議の開催、書類の整備等。第6講参照）、ストラクチャリングの手間・追加コスト（第Ⅱ編で述べるような金利回避のための追加的な取引構造の必要性）などは、イスラム金融方式に仕立てる以上、不可避な部分でもある。ただし、そうした追加コストを費やしてでも、ムスリム向けを中心に多くのビジネスを獲得して収益の拡大につなげることがイスラム金融ビジネスの本質でもある。

- **慈善的な金融**：同意する面としない面とがある。同意しない面とは、民間部門でイスラム金融に従事している人々は、みなビジネスのため、すなわち利益を獲得するためにやっているということである。むしろイスラムの理念に照らせば、労働や資本の投入による利潤の獲得は奨励されるものでさえある。そもそも利子禁止との関係においても、利潤ではなく慈善を追求すべき、ということではない（利子禁止の意味については第7講参照）。同意する面は、より長期的・システム的な観点において、イスラム金融は教義上、金融を通じた経済付加価値の拡大や貧困削減を目指している、あるいは少なくとも目指すべきと考えられているということである。こうした点については、前頁の「コンベンショナル金融のレプリカ」と重なる部分も含め、第26講で論じる。

第Ⅰ編　概要：イスラム金融とは何か

- **オイルマネーのみによって支えられている**：図表1でみたとおり、イスラム金融が急速な成長を遂げていた2000年代半ば、国際原油価格は40ドル前後から一時140ドル台に達した。原油高で潤う中東諸国の投資需要がイスラム金融の成長に大きく寄与したことは間違いない事実である。しかし、原油高のみがイスラム金融市場の拡大の要因だったとみることは適切ではない。大きな流れとして、1970年代以降、ムスリムが教義を遵守した生活をより重視するイスラム復興運動は軽視できない要素であるほか、ムスリムの人口増加、非産油国を含めたイスラム圏諸国での経済成長、供給面の拡充など、イスラム金融の成長を下支えしている要素はたくさんある。
- **準拠法はシャリアのみである**：詳しくは法律実務情報を扱った第22講で述べるが、実際の取引の準拠法は世俗法となる。シャリアは、イスラム法と呼ばれるものの取引の準拠法となることはなく、世俗法に準じた要素となる。ただ、非イスラム圏諸国でも、判例などにおいて現地の慣習などとしてシャリアの要素が考慮される場合もある。
- **イスラム金融は世界を支配しようとしている**：これは明確に否定できる。イスラムの教義にイスラム共同体（ウンマ）の概念はあるが、それは必ずしも（しばしば誤解されるような）イスラム教徒による世界征服を目指している、ということではない。また、武力闘争は教義により禁止されているほか、しばしば言及されるジハードという言葉も、聖戦と訳される

ことも多いが、根本的な概念は（信仰のための）努力のことであり、戦争の要素が含まれるものではない。

次に、日本語によるメディアや発言等でこれまでに観察された典型的な誤解といえる、シャリア解釈の地域的相違の問題について検討する。しばしば「マレーシアではシャリアの解釈が緩い一方、中東では厳しい」といわれる[6]。長岡（2009）はその論考の批判対象とするため、これを「西厳東緩論」と呼んだ。たしかにイスラム金融が局地的な現象であった2000年前後あたりまではそうした部分もあったが、グローバル化の進捗につれ次第に国境を越えたハーモナイゼイションが生じ、2000年代半ば以降には一定の収斂がみられた。こうした状況をふまえつつ、筆者も吉田・長岡（2010）で各国の事例を交えながら西厳東緩論が誤りであることを論じた。また、西厳東緩論者は「地域により異なる解釈は非効率であるため、世界統一の解釈が必要」と訴え、一部には「国際機関IFSBなどにより解釈の統一に向けた活動が進められている」と事実ではない記述もある[7]。実際には、シャリア解釈の統一は、不可能であるのみならずシャリア学者（第6講参照）の尊厳や存在意義を軽視した冒涜と解されるリスクさえある考え方である。この点については、筆者も過去に論じたので（吉田［2008］）より仔細な議論についてはそちらを参照されたい。

---

6 たとえば、イスラム金融検討会（2008）など。
7 前掲のイスラム金融検討会（2008）や、「通商白書2007」のコラム2など。

第5講 イスラム金融を理解するための3原則

　本書のこれまでの記述や今後の説明を理解するうえで重要な、イスラム金融を理解するための大枠について、以下に3原則としてまとめておく。これらは、業界や学界でスタンダードとなっている「原則」ではなく、あくまで筆者の個人的な見解に基づく呼称にすぎないが、筆者のこれまでの実務や学術研究、講演や講義における質問等を総合的に勘案して要約しており、とりわけ実務家にとっては要領を得たまとめになっていると自負している。

(1) 非ハラム原則

　イスラム金融で禁じられる利子は、アラビア語を語源とする専門用語でリバー（*riba*）という。それ以外に禁じられる要素として、不明瞭性（*gharar*）と投機性（*maysir*）がある。それぞれ、不明瞭な契約やギャンブルの類などを総称した概念である。そして、当然ながら、イスラムの禁じる事項を営む事業、すなわち豚肉・アルコール・武器・過度のエンターテインメント等を行う事業・企業への融資や投資などによる資金供与は回避される。第3講でみたようにハラル（許された、の意）の反対語としてハラムという用語があるため、ここではそれを用いている[8]。

ここでの原則の名称を「ハラル原則」ではなくあえて「非ハラム」としたのは、次の二つの理由に基づいている。一つは、現場のプラクティスとして、シャリアのスクリーニングは「ハラルであることを確認する」という観点よりも、「ハラムな要素が含まれていないことを確認する」というスタンスで臨んでいるからである。もう一つは、イスラム金融業界の内側からの批判として、イスラム金融業界は非ハラムというコンベンショナル金融の模倣にとどまるのではなく、イスラムの理念を追求する姿勢をもたなければならないという考え方があるからである。こうした理念的側面を考慮に入れた検討は、第26講で簡単に論じる。

(2) 非限定原則

　これまでの記述ですでに触れている部分もあるとおり、イスラム金融は、ムスリム（＝イスラム教徒）だけが関与するものではなく、大半の日本人を含めた非ムスリムも関与することができるものである。日本の銀行がイスラム住宅ローンを提供することもできれば、（日本にはないが海外にて）日本人がイスラム銀行に預金することもできる。マレーシアにて中華系の人々が利率の高さをみてイスラム預金を利用するエピソードについ

8　より厳密にいえば、イスラム法学上は人間の行動を、義務、推奨、許可、忌避、禁止の5段階に分ける。簡便化のためハラム対ハラルの対立構図としているが、非ハラムとの表現によりハラル以上の義務・推奨も含まれるため、より適切なものといえるだろう。

ては第3講で述べたとおりである。海外のイスラム専業銀行のCEOが非ムスリムであることも珍しくない。要するに、イスラム金融は利用者を宗教によって排除することはない。

　一方で、ムスリムは必ずしもイスラム金融だけを利用するわけではない。ムスリムが人口の過半を占めイスラムが国教となっているような国でも、利子付きのコンベンショナル銀行が存在する。また、日本人は良くも悪くもムスリムについてステレオタイプなイメージをもちがちだが、信仰に基づく行動のあり方は個々人によってまちまちであり、地域・国などの文化的背景によっても異なる面はおおいにある。また、イスラム金融が現代的な意味においてその実践を開始したのは1975年のことにすぎないという短い歴史のなかで、その頃からイスラム世界にも普及していたコンベンショナル金融からの完全なシフトが完了するには至らず、利便性や競争力の観点でコンベンショナル金融に軍配があがるような国はまだまだ多い。要するに、仕方がないのでコンベンショナル金融を利用する人もいるのである。イスラム金融には、こうした二つの面で非限定性が観察される。

(3) 近接性原則

　近接性とは、コンベンショナル金融との類似性ということである。イスラム金融という言葉からは何か神秘的な印象を受ける人もいるだろう。また、利子をとらないことから、かなり特殊な形態で取引がなされているのではないかと想像する読者も

いるかと思う。

　結論をやや大胆にいえば、イスラム金融とコンベンショナル金融との間に大きな差があるわけではない。金融サービスの受益者（融資でいえば借り手。預金でいえば預金者）からみた経済的機能は、コンベンショナル金融とほぼ同等と考えてよい。金融サービスの提供者（金融機関）は、利子の概念を用いない仕組みにより、コンベンショナル金融とほぼ同等の経済的機能を有する金融取引を実現している。その利子の概念を用いない仕組みについても、いずれも現存のコンベンショナル金融の仕組みに同等の取引を見出すことが可能である。

　第6講で述べるシャリア・スクリーニングについても、たしかに内容としてはシャリアを遵守していることを審査するものであるためその内容はイスラム固有のものであるが、そのようなスクリーニングを実施したうえで行う金融は、たとえば社会的責任投資（SRI）や環境ファイナンス（いわゆるESG）など、一般的にみられるものである。図表4では、イスラム金融と

図表4　イスラム株式投資とSRIの対応

		イスラム投資	
		○	×
S R I	○	……	・金利依存度高（財務） ・豚肉
	×	・環境面の負荷大	・アルコール、タバコ ・武器、ポルノ、賭博

SRIのスクリーニング対象の類似性を図示している。

　さらに、価格面においても類似している側面がある。たとえば、預金の利率につき、コンベンショナル預金とイスラム預金の間には大差がないことが多い。厳密にいえば、イスラム金融であることがコンベンショナル金融の同等物との間に価格やリターンのいくばくかの差を生むこともあるが、実務的には、どちらがどうとは一概にはいいにくい。換言すれば、価格の条件を決めるのは、たとえば債券であれば、発行体の信用力、期間、通貨、市場環境等なのであって、イスラムかそうであるかは決定的な違いとはならない。それだけに、イスラム金融の経済的な意味を理解するうえでは、（イスラムというラベルを貼っていない部分での）金融取引の根源的な要素に注目することが、とりわけ実務家にとっては重要なのである。

アラビア語との格闘

　本書では、イスラム金融について日本語での表現を基本としている。だがイスラムの世界において、基本・標準となるのはアラビア語であり、たとえばアラビア語で書かれたもの以外は、厳密には聖典クルアーン（コーラン）とみなされない。

　イスラム金融の学術論文を読んでいると、前触れもなくクルアーンの引用としてアラビア文字が出現することがある。ある種、アラビア語はイスラムに関する知識人にとって当然の素養なのであって（恥ずかしながら筆者にその素養はない）、論文の書き手としては、当該論文の読者がアラビア語を解しない可

能性など想像してさえいないのかもしれない。また、第22講でも言及のとおり、国際機関AAOIFI（イスラム金融機関会計・監査機構）が出版する「シャリア標準」（イスラム金融の標準解釈、の意）の英語版に「本書はアラビア語版の英訳版であって、両者の間に違いがあった場合にはアラビア語版が優先する」と明記されていることにかんがみると、実務面でもイスラム金融におけるアラビア語の絶対的な地位は揺るがない。

　アラビア語といえば、こんなこともあった。筆者が、インドネシアのバンドンで開催されたイスラム金融セミナーに講演者として招かれたときのことである。前夜祭のようなかたちで、セミナー主催者である西ジャワ州知事主催のディナーに、数人のシャリア学者や銀行幹部とともに招かれた。公邸のサロンに迎え入れられると、（もちろんビールや食前酒はないが）まずはソファーに座っての雑談となった。が、2～3分もすると前触れもなく知事がアラビア語で話し出し、招かれていたシャリア学者数人もごく自然にアラビア語で返し始めたのである。筆者は、同席していた英国人の銀行頭取とぽかんと顔を見合わせながら、楽しそうに話す人々の表情をみることしかできなかった。なお西ジャワ州知事がシャリアの学位をもつインテリだったことは、その後同セミナーの当日にパンフレットの略歴をみてわかった。

　こうした場面に多く接するにつれ、アラビア語を前提とすることが許されるのか、というよりむしろ、アラビア語を知らない自分に責任があるのかとさえ思うようになってしまう。それに比べれば、本書で紹介するいくつかの契約スキームの専門用語は、記号のように暗記してしまえば大して困難なものではないので、読者におかれてはその語感に辟易せずに受け入れてほしい。

第6講 シャリアとその審査過程

　イスラム金融がイスラム金融たる最大のゆえんは、それがシャリア（第3講参照）にのっとったものであることといってよい。単に特定の地域でみられるユニークな金融ということではなく、ルールのもとで一定の基準をクリアしたものということである。より具体的には、第3講でも述べたとおり、金利の禁止の観点に加え、ハラムな事業への資金提供の禁止、ギャンブルの禁止、不明瞭な契約の禁止が主な制限事項である。

　シャリアのもとでの基準をクリアしていることを担保する制度的枠組みとして、シャリア・スクリーニングと呼ばれる、教義面での審査の過程がある。イスラム金融を提供する金融機関は、通常、自社あるいは外注で、シャリア・ボードと呼ばれる審査委員会に、新たに提供する金融取引の宗教的適格性を諮問しシャリアにのっとっているとのお墨付きを得る。そのお墨付きたる、シャリア上の意見書をファトワ（*fatwa*）という。金融機関の顧客は、そのファトワによりその金融取引をシャリアにのっとったものと信頼し、取引を実施するのである。図表5は、スタンダード・チャータードのケニア拠点がウェブサイトに掲載しているファトワである[9]。

　シャリア・ボードの構成員は、シャリア学者（*Shariah scholar*）と呼ばれる、シャリアに関する有識者である。イスラムで

図表5　シャリア適格を示すファトワの例

> **Standard Chartered**
> **saadiq**
>
> In the name of Allah, the Most Gracious, the Most Merciful
>
> ISLAMIC HOME FINANCE BY STANDARD CHARTERED BANK – KENYA
> PRONOUNCEMENT OF THE SCB SHARIAH SUPERVISORY COMMITTEE
>
> All praise is due to Allah, the Cherisher of the World, and peace and blessing be upon the Prophet of Allah on his family and all his companions
>
> The Shariah Supervisory Committee (Committee) has reviewed the following agreements (Home Finance Agreements.) relating to the SCB's Islamic Home Finance product offered in Kenya:
>
> 1. Offer Letter
> 2. Home Participation Agreement
> 3. Payment Agreement
> 4. Undertaking to Purchase
> 5. Agency Agreement
> 6. Diminishing Musharakah Participation Receipt [BTF and Top-up]
> 7. IID
>
> The idea behind the Home Finance is to facilitate Customers to have access to home financing facilities designed in accordance with the principles of Shariah. The product has been structured in the following manner:
>
> 1. The Bank will enter into a joint participation arrangement to invest in the Property on the basis of Diminishing Musharakah. The title of the property can remain with the customer.
> 2. The Bank will provide the larger share of the purchase price of the property.
> 3. The Bank will rent out/allow usage of its share of the property to the customer. The customer will agree to make monthly payments for the use of the property.
> 4. The customer will also make regular scheduled payments in the participation to increase his/her equity in the property. Thus with each payment the ownership of the customer in the partnership grows increasing his/her share of the property.
> 5. Once the customer has paid in full, the mortgage will be released and the customer will have free and clear title to the property.
>
> Based on this concept, the Committee has reviewed the above mentioned Agreements and rules that the Islamic Home Finance offered by SCB is in accordance with the principles of Shariah.
>
> And Allah knows best.
>
> Dr. Abdul Sattar Abu Ghuddah　Sheikh Nizam Yaquby　Dr. Mohamed Ali Elgari
> Shariah Advisor　　　　　　　Shariah Advisor　　　　　Shariah Advisor
>
> SCB Shariah Supervisory Committee
> September 10, 2013

9　参考までに、吉田（2008）の図表4－1と4－2では、英国イスラム銀行ならびにホンリョン東京海上タカフルの例を掲載している。なお、両社とも社名を含めて現在は異なる形態となっている。

は、キリスト教における司教、ユダヤ教におけるラビ、仏教における僧侶、神道における神主のような聖職者の制度がなく、宗教的知識をもつ者が宗教における指導者の役割を果たす。イスラム金融におけるシャリア学者には、そうした宗教的知識に加え、金融に関する知識、そしてクロスボーダー取引や外国の金融機関のボードを務める場合には英語も必須要件となる。

言語の関連では、イスラムにおいてアラビア語は唯一の真正な言語である。聖典クルアーン（コーラン）は、アラビア語で書かれたものだけがクルアーンなのであり、その他の言語によるものは注釈本と解される。他方、イスラム金融の現場となることが多い、中東諸国・東南アジア・南アジアなどのうち、アラビア語が一般的に用いられるのは中東湾岸諸国のみであり、それ以外の国では、マレー語、インドネシア語、ウルドゥー語、ヒンディー語、ベンガル語などその土地の言語が実務に使用されることも多い。シャリア学者の出身国も多様であるほか、取引の契約書が英語であるケースも多いことから、シャリア学者にとっては英語が必須要件となっているのである。

先に述べたように、シャリア・スクリーニングのプロセスは外注されることもある。その受け皿となるのが、コンサルティング会社である。コンサルティング会社がシャリア・ボードをもっていたり、そのつどボードを組成したりするなどしてファトワ発出のサービスを提供する。それまでの間には、取引のストラクチャに関するシャリアや現地法の観点からのアドバイザリーを行うこともある。現地の金融規制等にもよるが、金融機

関がイスラム金融に新規参入する場合、当初はこのような形態で取り組みつつ、一定の土台ができたところで自社のシャリア・ボードを設けるといったやり方もあるだろう。

シャリア・スクリーニングの具体的な内容については、第13講で概観するイスラム株価指数の作成方法がわかりやすい。大手の指数提供会社は、シャリア・スクリーニングの概要を開示しているが、本講ではその概略のみ示しておく。イスラム株価指数とは、シャリア適格な銘柄のみで構成される株価指数である。その作成は、各個別銘柄について、各企業のシャリア適格性を審査するところから始まる。実務的には、指数の目的に応じ業種別・企業規模別・地域別などといった指数が作成されることも多いが、その前に、シャリア適格な銘柄群をそうでない銘柄群と切り分ける作業を実施する方法が一般的である。シャリア適格性については、大別すると、①企業の行う事業、②企業の財務活動の二つの側面から審査が行われる。①企業の行う事業については、イメージが湧きやすいだろう。豚肉やアルコールなどのほか、エンターテインメント性の強い事業は排除される。金利に関連する事業の多い、銀行や証券会社はもちろん、保険会社も、その事業がギャンブルに相当するものと解される傾向があり[10]、シャリア不適格となる。

②企業の財務活動の側面も重要である。イスラム圏諸国・非イスラム圏諸国を問わず、現存の企業の大多数は、借入れや現

---

10 一方、それを克服した、タカフルと呼ばれるイスラム保険もある。第15講参照。

預金の取引など利子付の金融取引に関与しているだろう。利子付取引に過度に依存する企業は、シャリアの観点から不適格となる。その際、利子付の借入れが多い企業のみならず、金利収入が多い企業も不適格となるので留意が必要である。

コラム③

イスラム金融を綴る言語

コラム２では、この世界において絶対的な地位を有するアラビア語に撃沈する筆者のようすに触れた。筆者のように、イスラム金融の主な関与の仕方が「特定地域に限らない金融実務」である場合には、英語が標準であると理解してよいだろう。たとえばバングラデシュの銀行でイスラム金融業務に従事することとなればベンガル語が必要となるだろうが、日本人の一般的な業務形態を想定した場合、情報資料、契約書、セミナー、有識者との会話等々、英語ができればイスラム金融に関する大部分の業務をこなすができる。

イスラム諸国出身者の間でのコミュニケーションにおいても、必ずしも皆がアラビア語を操れるわけではないため、たとえば湾岸諸国（アラビア語）とインドネシア（インドネシア語）、パキスタン（ウルドゥー語）、バングラデシュ（ベンガル語）と多様な地域の人々が会話する場合には、共通言語として英語が使用される可能性が高い（コラム２で述べたとおり、シャリア学者等知識人の間ではアラビア語が採用されるかもしれない）。

アラビア語と英語に次いで有用なのは、一般論としていえばフランス語であろう。セネガルなどの西アフリカ諸国、チュニジアやモロッコといった北アフリカ諸国、東アフリカのジブチ

などでは、ムスリムがマジョリティを占め、同時にフランス語圏という偶然がある。南部のモーリシャスやマダガスカルでも、人口の１～２割のムスリムがおりフランス語も話される。これら地域の経済成長や金融セクターの拡大とともにイスラム金融が各地で盛り上がれば、イスラム金融業界におけるフランス語のプレゼンスはいっそう増すことだろう。これらの地域を主たるターゲットとして、移民系のフランス人シャリア学者も増えている。

　2000年代後半にフランス本国でイスラム金融が盛り上がった頃、それを主導したのは当時財務相であったクリスティーヌ・ラガルド現IMF専務理事であった。もともとIMFは1980年代の古くからイスラム金融に関する意欲的な分析を実施していたが、彼女のリーダーシップにより急速にイスラム金融への取組みを強めている（第28講にて簡単に言及）。

　イスラム金融の国際機関IFSBのシェリフ・アユブ事務局次長は、エジプト出身で学部時代に米国に留学しているためアラビア語も英語も流暢であるが、先日食事をともにしていた際、幼少期をフランスで過ごしたためフランス語もネイティブレベルであることを知った。彼はイスラム開発銀行からの出向者であり、同行ではその３ヵ国語が堪能な職員は北アフリカ諸国出身者を中心に珍しくないが、そのいずれも完璧な彼は、イスラム金融のデリバティブに関する専門知識やその人間性もふまえると、将来的にかなりの重要人物になると感じている。

第7講 利子回避の意味と意義

　第Ⅰ編の最後に、初学者にとって最大の関心事項とも考えられる、利子を用いないことについて整理しておこう。

　現代の一般的なイスラム金融の実践においては、すべての利子が禁じられる。まれに「変動金利ならいいが固定金利は禁じられる」とか「ユダヤの高利貸しを戒めたものであるため低利ならよい」、あるいは、第3講でみた「単利はよいが、複利は倍々ゲームになるので不可」などといった記述をみかけることもあるが、現行のプラクティスをふまえればそれらは正確ではない。利子は、その水準の高低や種類にかかわらず、あらゆる類のものが禁忌である。参考まで、かつて日本銀行が採用していたゼロ金利政策のもとでの銀行間資金取引において、厳密には（ブローカーの取引手数料に相当するものとして）0.01％程度の利子がついていたため、イスラム金融の観点でみれば「ゼロ」金利とはみなされない[11]。

　なぜ利子は禁じられるのであろうか。小杉・長岡（2010）で

---

[11] 筆者が日本銀行に勤務していた2005年頃には、イスラム金融の講演などにおいて「外国人から『お前はイスラム金融を理解しやすいだろう。日本はゼロ金利なのだから』といわれることがある」との冗談をいうことが多かった。しかし近年では、ゼロ金利政策を超越する金融緩和政策が採用されているからか、その冗談をいっても聴衆の反応が芳しくなくなってしまった。

なされている明快な四つの整理を参考にしながら簡潔に説明する。利子禁止の根拠の第一は、事業リスクの公平性の確保である。金銭貸借の関係において、借り手は、利子の返済原資を確保するため借りた資金をもとにリスクを負って事業を行い、利益を出さなければならない。この間、貸し手はといえば、事業リスクを負うことなく、待っているだけで利子を得られることが金銭貸借契約により決まっている。公平性を重視するイスラムは、これを不公平だと考えた。

　第二に、等価交換の原則である。この考え方は、預言者ムハンマドの言行録（「ハディース」と呼ばれる）に「金と金、銀と銀、小麦と小麦、大麦と大麦、ナツメヤシとナツメヤシ、塩と塩は、同等のものを直接取引せよ」とあることからもうかがえる。元本に利子をつけて返済するのは、不等価交換に当たるということである。

　第三の根拠は、所有権の観点である。もともと万物は神の所有となっているが、人がある財の所有を認められるのは、それを使うからである。自分の資金を元手に事業を行うのは、所有している財（＝資金）を使っていることとなるが、他人に貸与して利子を得るのは、自分で使っていることにはならず、その資金を所有する根拠に反することととらえられる。

　第四に、利子を不労所得とみる考え方である。既述の根拠と関連する部分もあるが、勤勉が奨励されるイスラムにあって、働かずして資金が増殖することを敵視するのは当然だろう。

　その流れにおいて、筆者の講義や講演などでは「利子をとら

ずに銀行業が成り立つのか」という質問が寄せられることも多い。端的にいえば、事業取引（資金取引のみではない、モノの売買や実業への投資などの取引）も絡めることで「利子に相当する部分」を確保することにより、資金の出し手にとっての経済合理性が確保されている。そのスキームの具体的な部分は次の第Ⅱ編で詳しく紹介するが、「どのように利子を回避して、利子相当部分をつくりだしているか」という点を理解したうえで、イスラム金融が編み出した「資金取引がなされる以上は、商品売買や投資など、実業が絡むことを前提とする」というある種の鉄則を感じ取っていただきたい。このことをもって本書では、イスラム金融のことを随所で「事業本位の金融」と呼ぶことがある。

　第3講でもみたように、利子を禁止することのみがイスラムの教義理念にあるのではない。資金のモビリティにより経済活動が活発化すること、またそうした活動を通じて貧困層をなくすなど公平の実現に努めることが、その根底にある真の考え方である。

　このため、社会的公平に資するような貧困層向け資金支援等がなされていないこと、また教義がより望ましいと考える投資的（＝エクイティ）取引が増えず通常の融資をとりあえず利子を用いない形式にしただけの焼直しにすぎないことについては、イスラム世界の側から自己批判が出てもいる（この点は第26講において論じる）。

　その文脈で興味深いのが、マイクロファイナンスである。通

常のマイクロファイナンスは利子付きの融資となるため、上述の現代イスラム金融の文脈でいえば、もちろんシャリア不適格なものである。他方で、マイクロファイナンスの目的である貧困層向けの資金支援は、貧者救済というイスラムの理念に合致した金融といえる。そもそもマイクロファイナンスを産んだムハンマド・ユヌスがムスリムであることからしても、そのことがうかがえるだろう。もちろん、イスラミック・マイクロファイナンスという取引も増えてはいるが、まだまだ一般的ではない。いったい（コンベンショナルの）マイクロファイナンスは、イスラムの教義の観点で、推奨されるべきものか、回避されるべきものなのか。すなわち、形式（利子）を重視して実質（貧困削減）をとるべきなのか、その逆なのかという問題である。

これに対する考え方のコンセンサスは形成されていないが、イスラム金融がいっそう成長するにつれて、マイクロファイナンスのようないわゆる「ソーシャル・ファイナンス」の分野にもイスラム金融が徐々に取り込まれていくことだろう。その意味で、その土壌を盤石にする意味でのイスラム金融の現代の進展は、決して批判されるべきものではない[12]。

---

[12] 中田（2015b）は、イスラム金融の現在のあり方を「嘘だらけのイスラーム金融」として批判している。その論点は、①シャリアの禁じる不換紙幣を用いていること、②ムラバハのように金利取引を擬製しているにすぎないこと、の2点である。法人の禁止等に関する部分も含め、イスラム法学上の理論としては正しい指摘だが、現代イスラム金融のプラクティスは本書で記述しているとおりである。ただし、第26講でも述べるように、シャリアが望ましいとするエクイティをベースとする金融システムを模索するうえで、そのような理念的研究はおおいに有用である。

利子を禁止することは、このように多くの思考を人々に提供してくれるが、それも教義の慧眼のなせる業と考えれば、心豊かにイスラム金融に取り組めるのではなかろうか。

コラム 4

日本人の価値観とコーラン

　「日本人は、歩くコーランだ」
　ムスリム国エジプトのシシ大統領は、2015年5月、同国に留学経験がありアラブ社会に造詣が深い小池百合子元防衛大臣にこう語った。日本人の勤勉さや規律を守る国民性をみてそう表現したものだという（共同通信記事）。小池元大臣が同大統領と再会した2016年2月にも、日本人が時間に正確なことなどをあげて同大統領は同じ言葉を寄せた（時事通信記事）。

　日本人のそのような国民性は、聖典クルアーン（コーラン）の教えを遵守しようとして形成されたものではない。大統領がそのように誤解しているということもない。日本人が美徳としている行動と、クルアーンの価値観との間に、共通する部分があったということにすぎない。が、この「意図せざる共通点」をいくつか積み重ねると、両者の親和性を感じる。時間に正確であることがコーランに書かれているのか筆者は知らないが、株価指数のスクリーニングでみたような、イスラム金融に関係する禁忌事項を中心に取り上げてみよう。

　まずアルコールは、仏教徒が守るべき五戒の最後（不飲酒戒）にも明確に示されている。酒の類を仏教の世界で「般若湯」ということもあるが、この「般若」は知恵を意味するものであり、酒の効用を期待したものであって、単なる逃げ口上と解さないほうがよい。

豚は日本においてもかつては忌み嫌われる存在だった。そのことは、江戸時代の川柳集「誹風柳多留拾遺」四篇二三丁に「美しい顔で　楊貴妃　豚を食い」とあることからもうかがえる。また、日本でも「豚肉には寄生虫がいるので生食は不可」と一般に認識されるが、このこともイスラムの豚全般の禁忌と共通しているのだろう。

　武器の禁止は、戦争を放棄した憲法9条に通じる。賭博の類を禁止し、所得のためには勤勉を美徳とするのも、両者に共通する。ポルノの禁止は、日本独自の映像表現の制限とも共通する要素だ。公平性は、一億総中流という結果にも表れている。金利の禁止は、すでに本文脚注で触れたゼロ金利のジョークに加え、利息制限法・出資法等にも高利を悪とする考え方を見出すことができる。

　このように、一般にネガティブな印象をもたれやすいイスラムの教えには、実は日本人の価値観に通じやすいところもあるのである。これほどまでに親和性の高い相手と、深いビジネス関係を構築できないことの機会費用は計り知れない。

第 II 編

商品組成技術：利子をとらない金融の枠組みとその適用

第8講 利子の概念を用いない金融のフレームワーク(1)

　この第Ⅱ編では、イスラム金融の具体的スキームを説明する。まず本講と次講では、金利を用いないで行う金融取引の基本的なスキームを概観する。（イスラム金融に限らない）金融の基礎的な知識について簡潔な記述にとどめざるをえない部分もあるが、必要な場合にはたとえば大垣（2010）や上野（2015）のような概説書を参考にしてほしい。

　金利を回避するスキームは種々開発されているが、実務で多用されるものをあらかじめ総括すると図表6のとおりである。なお、第11講以降では具体的な事例に基づく詳細な説明を行うが、本講および次講での概念的・抽象的な説明においては、「金利の概念を用いないでの金融のスキームはどのようなものになるか」という面を意識して読み進めてほしい。

　なお、本書では法律面での専門的な説明は割愛するが、各代表的スキームの日本法のもとでの構成・解釈については、長島・大野・常松法律事務所パートナーの月岡崇弁護士による論文（月岡［2008］）や西村あさひ法律事務所パートナー（当時）の斎藤創弁護士による論考（田中ほか編著［2013］所収や斎藤［2014］）などを参照されたい。

図表6　主なイスラム金融のスキーム

契約概念	ムダラバ	ムシャラカ	ムラバハ	イスティスナ	イジャラ
内　容	信託	共同出資	割賦販売／後払	製造委託金融	リース
種　別	エクイティ	エクイティ	デット	デット	デット
金利相当	配当	配当	商品売買差益	商品売買差益	リース料
非金利性	運用者による投資事業の利得であるため	出資者による事業の利得であるため	商品売買の差益であるため	商品売買の差益であるため	用益の対価であるため
概念図	図表7	図表8	図表9	図表10	（省略）
概　要	委託者は運用者に対し資金運用を委託。運用者はシャリアに反さぬよう投資を実施。	事業者は金融機関に依頼し共同で、シャリアに反しない事業へ出資。	金融機関は買い手（顧客）にかわりX円で物品を購入。買い手にX＋α円で転売。	金融機関は製造者にX円で製造依頼。完成・受取り後、買い手にX＋α円で転売。	金融機関は借り手に対し物品を賃貸。
主な用途	投資ファンド 預金 投資信託	ベンチャー・キャピタル 株式投資	貿易金融 住宅・自動車ローン	製造（前払生産委託）金融、建設金融	ファイナンス・リース オペレーティング・リース

第Ⅱ編　商品組成技術：利子をとらない金融の枠組みとその適用　41

図表7　ムダラバ

委託者は運用者に対し資金運用を委託。運用者はシャリアに反さぬよう投資を実施。

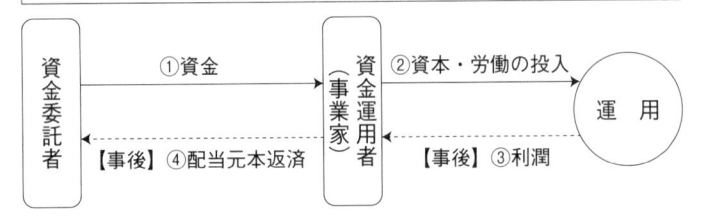

```
資金委託者 ──①資金──→ 資金運用者（事業家） ──②資本・労働の投入──→ 運　用
         ←【事後】④配当元本返済──        ←【事後】③利潤──
```

図表8　ムシャラカ

事業者は金融機関に依頼し共同で、シャリアに反しない事業へ出資。

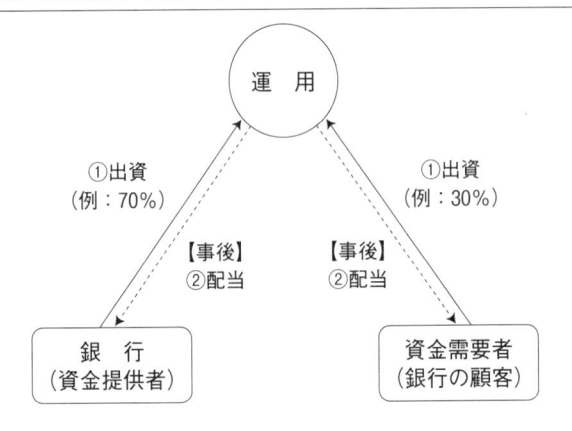

```
            運　用
           ↗     ↖
    ①出資           ①出資
   （例：70%）      （例：30%）
    【事後】         【事後】
    ②配当           ②配当
   銀　行         資金需要者
 （資金提供者）    （銀行の顧客）
```

図表9　ムラバハ

金融機関は買い手（顧客）にかわりX円で物品を購入。買い手にX＋α円で転売。

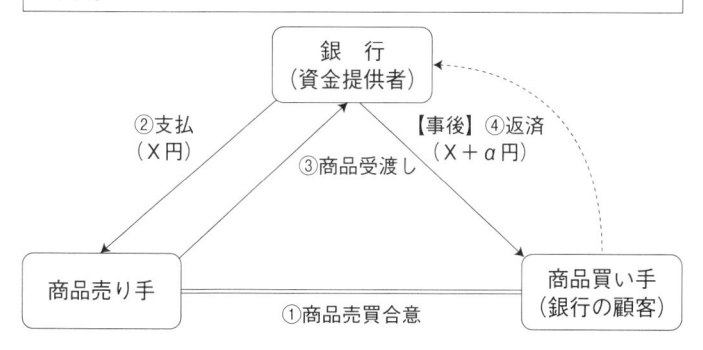

```
                    銀　行
                 （資金提供者）
                  ／    ＼
           ②支払        【事後】④返済
          （X円）         （X＋α円）
            ／   ③商品受渡し  ＼
           ／                  ＼
    商品売り手 ──①商品売買合意── 商品買い手
                                （銀行の顧客）
```

図表10　イスティスナ

金融機関は製造者にX円で製造を依頼。完成・受取り後、買い手にX＋α円で転売。

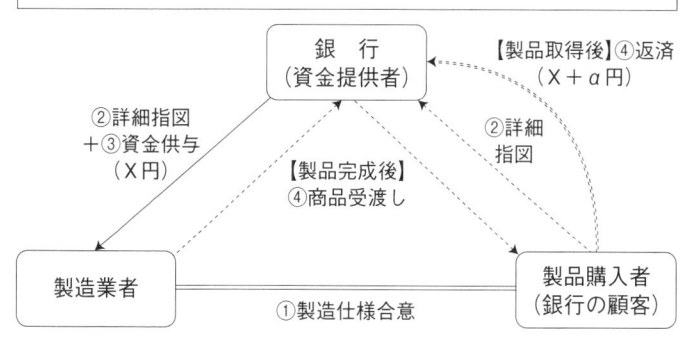

```
                    銀　行
                 （資金提供者）
       ②詳細指図              【製品取得後】④返済
       ＋③資金供与              （X＋α円）
        （X円）    【製品完成後】   ②詳細
                 ④商品受渡し      指図
    製造業者 ──①製造仕様合意── 製品購入者
                              （銀行の顧客）
```

（注）　図表7～10において、実線は資金提供時の資金等の流れ、点線は資金回収時等の事後的な資金等の流れを表す。

第Ⅱ編　商品組成技術：利子をとらない金融の枠組みとその適用　43

第9講 利子の概念を用いない金融のフレームワーク(2)

　前講では、金利を用いずに行われる金融取引にて用いられる代表的な考え方を説明した。実際のイスラム金融取引の現場では、近年の金融技術の発展や教義などさまざまな側面のニーズの高まり等もあって、前講で述べた代表的スキームよりももう少し複雑な仕組みを用いた取引も多用される。以下では、二つの例を取り上げる。

● コモディティ・ムラバハ（タワルク）：前講で述べたムラバハの応用型で、物品売買を通じた資金調達に用いられる。銀行間取引に多く用いられるが、これは、利付取引を行う銀行間短期金融市場にはイスラム銀行がアクセスできないことによるものである。段取りは次のとおりである（図表11）。資金調達をする銀行は、取引相手銀行に依頼し、商品市場（たとえばロンドン金属市場［LME］等の流動性の高い市場）において商品を調達してもらい、それを転売してもらう。購入した商品はブローカーを通じて即時売却し、手元資金（X円）を得る。取引相手銀行との間では、購入した商品の債務が残っているが、これは金利相当分α円を含めた（X＋α）円の債務として取引相手銀行に事後的に返済していく。これにより、資金調達をする銀行からみれば、スポットでX円を調達し、事後的にαの金利相当分を元本X円とともに支払うと

図表11 コモディティ・ムラバハによる銀行の資金調達

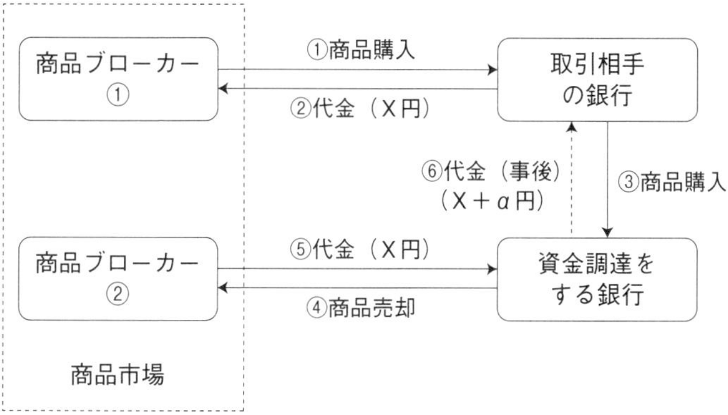

```
┌─────────────────────────────────────────────┐
│  ┌──────────┐  ①商品購入  ┌──────────┐    │
│  │商品ブローカー│ ──────────→ │取引相手   │    │
│  │    ①     │ ←────────── │ の銀行    │    │
│  └──────────┘  ②代金（X円）└──────────┘    │
│                                    │         │
│                ⑥代金（事後）      │③商品購入│
│                （X+α円）          ↓         │
│  ┌──────────┐  ⑤代金（X円）┌──────────┐    │
│  │商品ブローカー│ ←────────── │資金調達を │    │
│  │    ②     │ ──────────→ │する銀行   │    │
│  └──────────┘  ④商品売却  └──────────┘    │
│   商品市場                                    │
└─────────────────────────────────────────────┘
```

いう金融取引が実現する。取引相手銀行からみれば、スポットで（商品ブローカーへの代金支払というかたちで）X円を貸し出し、事後的にα円の金利相当分を含めて受け取るという点で、銀行間市場での余資運用と同等の経済効果を得る。なお、これらの全体の取引は複雑にみえるが、通常、こうした業務を専門に行う業者によって包括的にアレンジされるため、資金調達を行う銀行にとってはそのアレンジャーに依頼するのみでよく、また専門の処理システムを活用することもできるので、大した手間とはならない。

● **ディミニッシング・ムシャラカ**：前講で述べたムシャラカの応用型で、住宅ローンなどの代替として用いられる。以下ならびに図表12では、具体性をもつために住宅ローンを想定して記述する。住宅を購入する個人は、銀行との間で共同出資に係る契約を締結する。仮に1億円の住宅を取得するとし

第Ⅱ編　商品組成技術：利子をとらない金融の枠組みとその適用　45

図表12　ディミニッシング・ムシャラカによる住宅ローン

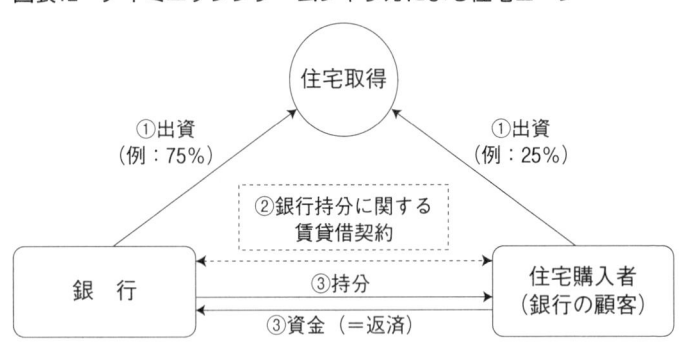

```
                    住宅取得
                   ╱       ╲
            ①出資           ①出資
           (例：75%)        (例：25%)
           ╱                   ╲
          ╱    ②銀行持分に関する   ╲
         ╱       賃貸借契約          ╲
    ┌─────┐                      ┌──────────┐
    │銀 行│ ←──── ③持分 ────→  │住宅購入者│
    │     │ ←── ③資金（＝返済）── │(銀行の顧客)│
    └─────┘                      └──────────┘
```

[数値例]
（前提条件）

住宅価格	1億円
期初比率	顧客1：銀行3
期間	5年
返済	年1回
返済方式	元金均等
金利相当	年利4%

（金額単位：万円）

期末	元本返済	使用料	返済額	顧客借用単位	顧客保有単位	銀行出資分
0				5	15	7,500
1	1,500	300	1,800	8	12	6,000
2	1,500	240	1,740	11	9	4,500
3	1,500	180	1,680	14	6	3,000
4	1,500	120	1,620	17	3	1,500
5	1,500	60	1,560	20	0	0

て、個人が（頭金として）2,500万円を出資し、銀行が（貸付相当額として）7,500万円を出資するとしよう。簡略化のため、期間5年の元金均等年賦を前提とすれば、1億円の住宅の持分を20単位に分割し、銀行が15、個人が5をそれぞれ保有しているとみなす。個人は住宅全体（20単位）に居住するので、15単位分は銀行から借りることとなるため、持分に関する賃貸借契約を結ぶ（前講で述べたイジャラ）。1年後、個人は銀行に対し1,500万円を支払い、3単位を取得する。その際、15単位分の賃借料（例では年4％）も支払うが、それが住宅ローンの金利支払に相当する部分である。5年後には個人は全持分を取得し、本住宅ローンは完済となる。

なお、スキーム名にある「ディミニッシング」とは、逓減することを意味する英語であるが、ここで逓減するのは銀行の持分である。また、同じことを意味する用語として「ムシャラカ・ムタナキサ（*musharaka mutanaqisa*）」が使われることもある。

第10講 利子の概念を用いない金融のフレームワーク(3)

　さて、前講、前々講でみた基本スキームはいずれも、金利を用いずに行われる金融取引の根幹部分であった。本講では、実際の取引のさまざまな場面において根幹部分を補完するためのスキーム、あるいは主として特定の金融取引において用いられうるスキームについて説明する。

(1) 補完的なスキーム[13]

- **カルド・ハサン**（*qard hasan*）：無利子の貸借取引。100円で借りた債務の返済は、元本の100円のみでよいというもの。たとえば、親企業の海外子会社向け無利子融資（親子ローン）などに用いられうるほか、ファンド取引等の複雑なストラクチャにおける主体間の資金移転等にも用いられる。

- **カファラ**（*kafala*）：保証。金銭貸借契約等において、債務者による債務の履行が不可能となった場合に債務者にかわって債権者に対する債務の履行を確約すること。債務保証、債券保証など、広い範囲の保証取引に適用される。

- **ワカラ**（*wakala*）：代理契約のこと。ファンド・ビジネスな

---

[13] 本節の記述にあたり、バーレーン中央銀行が執筆したBahrain Monetary Agency（2002）を参照した（Bahrain Monetary Agencyは、中央銀行の過去の名称）。

ど、代理人（ワキールと呼ばれる）に対して資産の管理・運用を委託する場合などに用いられることが多い。ワカラ・フィーとして手数料の徴収も可能になる契約概念。
- **ワディア（wadi'a）**：預託取引のこと。自己の資産の保管を他者に委ねる行為。原則として、資産を預かった主体はそれを他の使途に用いることはできず、したがって運用利益などは生じない。
- **ジュアラ（juala）**：業務取扱手数料のこと。送金、外貨交換、クレジット・カード関連など、幅広い金融サービスの対価として応用される。
- **ラフン（rahn）**：約定担保物権、すなわち抵当・質の類のこと。イランでは土地取引においても一般的に用いられている。
- **ワアド（wa'd）**：約束。形式的には、契約で拘束するものではなく約束にとどめるという形態で用いられることが多く、将来時点における売買取引の約定という理由などで、法的な拘束によりある契約事項を特定することがシャリア上不適切である場合などに適用される。

(2) 各種スキームの類似点と相違点

筆者が大学院での講義や種々の講演の際に、受講者より時折受けるのは、イスラム金融の基礎契約概念における同様・類似のスキームの差異である。以下にそれらをまとめる。
- **ムラバハとBBA**：ムラバハの一般的な考え方においては、

債務者の返済について一括払いも分割払いも含まれる。これまでの説明で言及してこなかったBBA（*bai' bithaman ajil*）は、マレーシアやブルネイを中心に局所的に用いられる表現であり、分割払いの場合をBBA、一括払いの場合をムラバハと呼称して区別している。なお、BBAは、バイ・ムアッジャル（*bai' muajjal*）と呼ばれることもある[14]。

● イジャラ・ワ・イクティナとAITAB：第8講では明確な説明を割愛したが、ファイナンス・リースと同等の効果を得る手法として、リース（イジャラ）期間満了時の購入（銀行の顧客側からみて）を前提とした「イジャラ・ワ・イクティナ」（リースと所有）と呼ばれるものがある。これは「イジャラ・ムンタヒヤ・ビッタムリーク」（*ijara muntahiya bittamlik*）との呼称もあり、その略称としてAIMATといわれる場合もある。また、マレーシアを中心にAITAB（*al-ijara thumma al-bay'*）との呼称もある。

これらについて、経済効果としては同一のものとみることができる。違いをあえて記すなら、AITABがリースと購入が一体となった契約であるのに対し、イジャラ・ワ・イクティナはリース契約と購入約束（上述のワアド。リース期間満了後に該当物件を借り手が買い取るという内容の約束）の2本

---

[14] これらは、マレーシア人等の研究者による文献にはみられるが、それ以外の研究者はあまり言及しない傾向があるように見受けられる。ここでの説明内容は、マレーシア人学者のサイフル・アズハル・ロスリー国際イスラム金融大学教授による文献Rosly（2005）を参照した。

立てとなっている点がある。

(3) 基本スキームの実務的なとらえ方
——第8〜10講のまとめとして

これまで概説してきた、金利を用いないイスラム金融の基本スキームに関する説明の最後に、実務を考えるうえでの要点を記しておく。

まず、縷々述べた基本スキームはあくまで概念的な考え方なのであって金融商品そのものではない。その両者の次元が異なるものであることを理解することが重要である。たとえば、ムラバハという抽象概念は、割賦販売でいう個別信用購入あっせんにも、銀行が商社に対して提供する貿易金融にも用いられるが、概念そのものは具体的な金融取引とは言いがたい。金融取引をみる際には、「ムダラバを用いたベンチャー・キャピタル・ファンド」「ワディアを用いた個人向け預金」などのように、両者の次元を整理して臨むとよい。卑近な表現をすれば、基本スキームは、中華料理の技法でいう「湯・炒・爆・炸・煮・澱・蒸」のような「技法の概念」なのであって、具体的な料理（＝金融取引）を云々するときには、「五目炒め」なのか「炒飯」なのかを考えるべき、ということである。具材により、用いる油（金融商品に求められる事業要素）も異なってくるだろう。

同様に、基本スキームと金融商品が1対1で対応するわけではない点も理解すべきである。預金について、上述のワディア

預金以外にも、ムダラバ預金、ワカラ預金などがある一方、ムダラバは、預金にも、株式投資ファンドにも、プライベート・エクイティ・ファンドにも、保険にも用いられうる。

最後に、これまでの留意点と同様の部分もあるが、複雑な金融取引においては複数の基本スキームが用いられる点も指摘しておく。すでに、ディミニッシング・ムシャラカやイジャラ・ワ・イクティナでも言及したが、プロジェクト・ファイナンスや仕組み債など複雑な構造となる金融取引では、その各部分に上述したような基本スキームが適用されうる。

コラム ⑤

Bloombergの利用

イスラム金融は国際金融市場の一分野としてすでに確立しており、その値動きや取引量を観察したり一定の命題を抽出・解析したりするうえで、コンベンショナル金融の分析手法を用いることが有用な場合も多い。そのうえで、金融市場関係者にはなじみの深い、Bloombergの活用について紹介しておこう。Bloombergとは、世界中の資本市場や金利・為替市場のデータをさまざまな形態で取得できる総合的な金融市場データサービスである。イスラム金融が成長するにつれ、関連情報が次々と利用可能になり、イスラム株価指数、イスラム債（価格データ、発行情報、債券属性など）、さまざまなニュース、ファンド情報、シャリア学者や銀行のリストなど、多くの情報が得られるようになった。

詳細な説明は避けるが、トップページに行くためISLMと呼ばれるティッカー（コマンド記号のこと）を入力すれば、上述

のような具体的な情報にアクセスするための一覧画面が現れる。目的なくこれらの画面をみているだけでも、イスラム金融に関する各分野・各地域の情報が大量に入手でき、イメージや伝聞だけで発信された各種情報よりも良質な知識を習得できるだろう。Bloombergシステム上でさまざまな分析（相対比較、スプレッド、比率等も含めて）ができるうえ、表計算ソフトとの相性もよいので市場の特徴・構造等を自在に解析できる。

　なお、ロイターなど同様のサービスを提供する企業はほかにもあるが、筆者としてはこれまでBloombergを使う環境が圧倒的に多かったことから、金融総本山ともいえる同システムにイスラム金融が組み込まれていることを伝える目的で紹介するものである。

第11講　商品(1)　預金・貸出

　本講から第15講まではイスラム金融の実際の商品・取引について説明する。前講でも指摘したように、「ムダラバ」「ムラバハ」などといった各基本スキームは、それだけでは金融商品たりえず、実際の取引の体裁が整ってはじめて金融商品あるいは金融サービスとなる。まず本講では、銀行業務（バンキング）の中心である預金・貸出について扱う。

　やや唐突かもしれないが、現実のイスラム銀行業務のイメージをもつために、マレーシア三菱東京UFJ銀行（現地法人）のウェブサイトに示されているイスラム金融取引のメニューをみてみよう（図表13）。英語のまま掲載しているが、カテゴリとしては上から順に、企業向け金融、預金、貿易金融、トレジャリー・サービスである。各サービス名の最後に「-i」の文字がみえるが、これはイスラム金融であることを示すマレーシアの用法である。これにより、たとえば預金のCurrent Account-iは、シャリア適格な当座預金であることが一目でわかるようになっている。イスティスナやイジャラを用いた貸付、信用状（L/C）などの貿易金融サービスなどもあり、大半の金融サービスがカバーされていることがうかがえる。なお、トレジャリーにあるプロフィット・レート・スワップとはイスラム金融方式の金利スワップのことであり、これについては第14講でそ

図表13 マレーシア三菱東京UFJ銀行のイスラム金融メニュー

CORPORATE BANKING	Murabahah Working Capital-i （MWC-i） Istisna' Financing-i （ISF-i） Ijarah Financing-i （IJF-i） Commodity Murabahah Financing-i （CMF-i）
DEPOSIT	Current Account-i （CA-i） Money Market Deposit-i （MMD-i） Fixed Deposit-i （FD-i） Foreign Currency Account-i （FCA-i）
INTERNATIONAL TRADE FINANCE AND SERVICES	Stand by Letter of Credit-i （SBLC-i） Bank Guarantee-i （BG-i）
TREASURY	Profit Rate Swap-i （PRS-i） Call Money-i （CM-i）

（出所）　マレーシア三菱東京UFJ銀行ウェブサイト（英文）

のスキーム等も含めて説明する。

　各金融商品につき、一般論としてもう少し説明しよう。まず預金についてみると、ムダラバ、ワディア、ワカラ、コモディティ・ムラバハなどが一般的に用いられる。一般に、ムダラバや投資を絡めたワカラのスキームでは、預金者に分配する利率は投資結果次第で定まってくるため、事前にはわからない。投資結果次第なのに一定の配当を事前にコミットすることは、将来の不確実な事象に対して確実性を謳うという観点でシャリア不適格である。他方、そうした預金に求められる根源的な性質の金融サービスを提供するため、コモディティ・ムラバハを用

いた預金スキームも実践されるようになっている（スキーム図については第9講の図表11参照）。利払いに相当する部分につきそのタイミングでコモディティの売買取引を行うことにより利払い相当分となる差益を捻出するということである。これに対し、ムダラバやワカラによる預金では、事前にわからない利率について、預金者の参考とするため、過去の実績や現在の予測値が示されることが多い。

貸付については、実際にモノを購入するファイナンスではムラバハ、イジャラおよびイジャラ・ワ・イクティナ、ディミニッシング・ムシャラカなどのスキームが用いられる。これらは、第8、9講に掲載したスキーム図に実際の商品を当てはめればよいので理解しやすいだろう。ムラバハについては、大垣（2010）の指摘のとおり、「実質的には貸出＋金利であるものを延払代金債権として構成し、金利の授受の問題を回避する」ものである。延払いでなく割賦代金債権でもよい。モノを購入しない資金取引では、コモディティ・ムラバハが用いられるケースが多い[15]。

金融の現場では、金融取引時点において取引するモノは存在しないが、ファイナンスによる製造・建設によりつくりあげられる類の取引も多い。このような場合には、イスティスナのス

---

15 かつては、マレーシアでバイ・アル・イナと呼ばれる、銀行と顧客が相対でモノを取引したことにする手法も一般的であったが、シャリア不適格との指摘が高まり近年では減少しているため、ここでは説明を省略する。概要は、長岡（2010）の図5などを参照。

キームが頻繁に用いられる。とりわけ、プロジェクト・ファイナンス（一般に誤解されがちな単なる「プロジェクト向けファイナンス」ではなく、ノン・リコース［あるいはリミテッド・リコース］でのプロジェクトからのキャッシュ・フローを返済原資とするファイナンス）にイスラム金融を適用することも多いが、そのなかにおいて完工前のファイナンスにつきイスティスナが用いられる。図表14でいえば、プロジェクト実施会社から詳細指図を受けたイスラム金融SPCが、できあがった施設を（形式上）取得し、プロジェクト実施会社に対してリースすることで金利相当のリース料を得る（それをイスラム金融機関に支払う）仕組みが一般的である。

図表14　イスラミック・プロジェクト・ファイナンスの基本スキーム

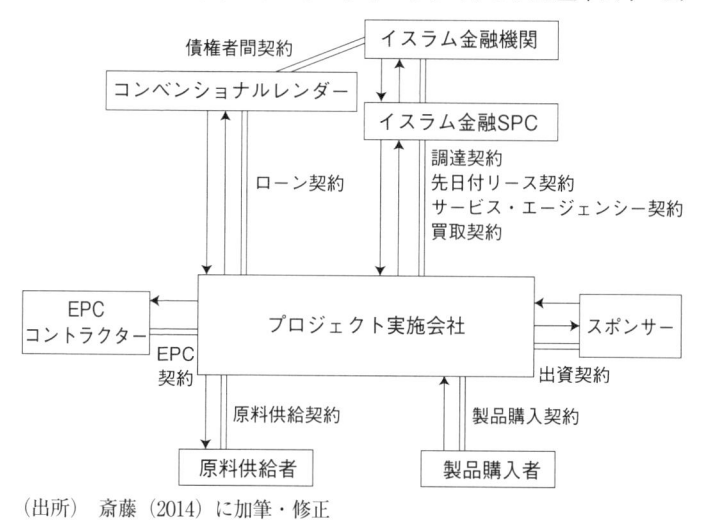

(出所)　斎藤（2014）に加筆・修正

第12講 商品(2) スクーク（イスラム債）

　利子が禁じられるというのはイスラム金融の最大の特徴だが、利子の概念を含んだ負債性証券である債券は、利付債であろうと割引債（ゼロ・クーポン債。たとえば額面100円の債券を90円で取得し満期時に額面の100円を受け取る取引）であろうと、取得額に対して総受取額が多くなることから利子付きの取引とみなされる。

　債券は、現代金融取引において資金調達手段としても運用手段としても重要である。そのニーズに応えるため、証券化の技術を応用して、クーポンを利子ではなく事業のキャッシュ・フローととらえることによりシャリア適格性を確保する手法が開発された。今日「スクーク」と呼ばれるイスラム債は、そのような経緯から生まれてきたものであるため、投資家と発行体との間における経済効果はほぼ債券と同様なものとなるように設計されている。

　図表15に即して説明する。まず資金調達者（国や企業等）は、SPC（Special Purpose Company：特別目的会社）を設立する。SPCは、形式的なスクーク発行体として本件のために設立されるものである。資金調達者（証券化用語でいえばオリジネーター）は、自己のもつ資産を（形式的に）SPCに売却する。わかりやすいように、資金調達者を企業、資産を自社ビルとしよ

図表15　イジャラを用いたスクークのスキーム例

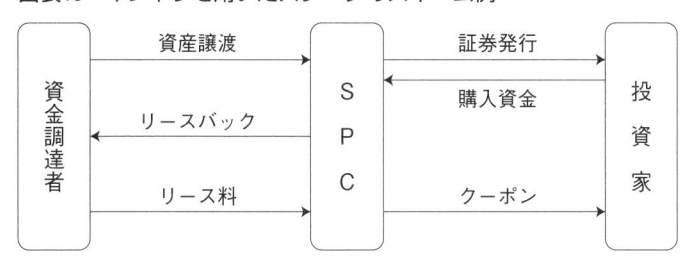

```
資金調達者 ──資産譲渡──→ SPC ──証券発行──→ 投資家
          ←─リースバック─         ←─購入資金──
          ──リース料──→          ──クーポン──→
```

　う。自社ビルをSPCに売却した後も、それまでと同じように同自社ビルを使い続けるため、企業はSPCとの間でリース契約を締結する（図表15ではこれをリースバックと表現）。本スクークの期間中、コンベンショナル債券であればクーポンを投資家に支払うが、それではシャリア不適格となってしまうため、SPCが企業との間で自社ビルのリース取引によって得たリース収入をクーポン相当分として投資家に分配する。このクーポン相当分は、利子の語感を排除するため「プロフィット・レート」と呼ばれることが多い。そして満期になると、元本の償還、自社ビルの買戻し（SPC→企業へ）等が行われ、取引が完了する。

　以上がイジャラをベースとしたスクークの概要であるが、案件によって、採用される裏付取引（SPCを絡めて実施される、事業キャッシュ・フローを創出する際のイスラム金融スキーム）は異なる。グローバルな債券市場の整備を行う国際機関であるIIFM（International Islamic Financial Market）のデータによれば、2001～15年3月の累計による金額構成比で、イジャラ29％、ムシャラカ18％、ワカラ13％、ムダラバ12％、ムラバハ

10％、混合12％となっている（残りは他社株転換スクーク）。どのスキームを採用するかは、資金調達者が保有する資産、その時々のシャリア解釈や投資家・アレンジャーのトレンド、発行地の法令や適用する準拠法などによって変わってくる。

　上述のとおり、スクークは債券と同様の経済効果を目指して設計されたものであるため、ここでそれを確認しておこう。形式的な発行体であるSPCと投資家との間の関係をみると、SPCは証券（スクーク）を発行し、投資家より資金を調達する。期中、投資家は決められた条件に基づき、クーポン相当としてリース事業収益を受け取る。その際、条件は「6カ月ごとにMid Swap＋50bps」など、コンベンショナル債券取引と同様の形式で設定され、その水準も同じ条件（発行体の信用力、債券の期間、建値通貨など）であれば同程度となる[16]。プロフィット・レートは、設定次第で固定・変動のいずれも可能である。また、裏付取引をもつ構造としてはいるものの、実質的なキャッシュ・フローはすべて企業の信用力に依拠するように設計されることから、信用格付は企業が発行する債券のものと同一になる。格付会社は、スクーク格付の手法に関する一般論として、スクークの格付は企業の信用力をみるものとしており、シャリアの観点は考慮しないといっている。

　第20講で詳しく説明するが、わが国におけるスクーク発行の制度はすでに整っている。日本版スクークは、既存の法体系で

---

[16] スクークのストラクチャリング等のコストや、イスラム投資家の多寡等による需給バランスの違いにより、若干異なることはある。

ある(特別)信託受益権を活用して体系立てられている。また、決済面で、証券保管振替機構(ほふり)によるスクークの取扱いに関する整備もなされ、信託受益権を社債と読み替えることで大方の整理がなされている。スクークは、法的な構成はコンベンショナル債に比べ複雑であるが、イスラム金融先進国に比肩する制度的枠組みが金融当局を中心とする関係者の尽力によりわが国においても整えられているので、ぜひ読者のなかからそれを活用して、このダイナミックに動くグローバル・スクーク市場への航海に出かけてほしいと思う。筆者が次にイスラム金融の書籍を著すときには、そうした事例も取り上げたい。

さて、これまではあたかもスクークと債券は同一であるかのように論じてきたが、実質的な経済機能はそうであるとはいえ、金融機関サイドからみた実務を考えるうえではより仔細にみる必要がある。たとえば英国法ではTrust Certificateとされる。意味としては、事業キャッシュ・フローを受け取る持分証書のことである。業界標準に関する資料である、国際機関AAOIFI(イスラム金融機関会計・監査機構：Accounting and Auditing Organization for Islamic Financial Institutions)の「シャリア標準」[17]における概念的な定義では、「有形資産、用益権、サービス、特定のプロジェクト・投資事業(の資産)を所有する持分と等価の証書」となっている。

---

17 AAOIFI(2010)による。

第13講 商品(3) 株式投資ファンド等

　前講の債券は（ごく一部の例外を除けば）利子付商品ということでシャリア不適格であったが、株式は企業に投資する有価証券であるため、商品構造面でシャリア不適格になることはない。このため、「イスラム債」を開発する努力はなされたが、金融商品としての「イスラム株式」は開発される必要がなかった。

　イスラム金融の文脈で株式が論点となるのは、主にその株式を発行した企業が行う事業である。シャリア適格な投資を考えるムスリム投資家の立場からすれば、よりパフォーマンスが高いからといってたとえば酒造会社への投資は教義に反することとなるし、そのようなことをして得た配当には信仰の観点から不快感を覚えることとなる。また、投資によって反教義的な事業を支援してしまうのは問題外である。他方で、だからといって投資家がすべての投資銘柄につき事業内容を確認してシャリア適格性につきチェックするのは煩雑であるし、その術もないかもしれない。

　そうした需要に応えるのが、イスラム株式投資ファンドである。スキームは単純であり、図表7のムダラバと同様である。同図における資金運用者がファンド運用会社であり、シャリア・スクリーニングを経たうえで投資家にシャリア適格ファンドとして販売する。こうした運用商品の提供により、ムスリム

投資家としては自前でシャリア・スクリーニングをせずにシャリア適格な投資をすることができる。

こうしたファンド商品の需要に対応して、S&Pダウ・ジョーンズ、FTSE、MSCIといった世界的株価指数提供会社は、こぞってイスラム株価指数を開発した。彼らは、自社に設けたシャリア・ボードあるいはシャリア・コンサルティング会社を利用してシャリア・スクリーニングを行い、さまざまなイスラム株価指数をすでに提供している。シャリア・スクリーニング基準は、各社の採用するボードの判断によって内容が異なるためばらつきが生じることがあるが、おおむね①シャリア不適格な事業を行う銘柄（FTSEの場合：コンベンショナル金融、アルコール、豚肉、エンターテインメント［カジノ、ギャンブル、ポルノ］、タバコ、武器製造業）、②財務面において過度に金利に依存する銘柄（FTSEの場合：債務÷総資産＝33％以上、（売掛金＋現金）÷総資産＝50％以上、（現金＋利付証券）÷総資産＝33％以上）、をそれぞれ排除する。また、通常、四半期ごとなどにシャリア適格性に関するレビューを実施している。ある時点でシャリア適格であった銘柄がその次のレビューでは不適格になってしまった、ということも日常的に発生する。

株価指数の実際の動きをみてみよう。図表16は、全体のコンベンショナル株価指数（S&P TOPIX）、イスラム株価指数（S&P TOPIXシャリア）、銀行株指数、明白なシャリア不適格銘柄としてのキリンホールディングスの株価について、それぞれ2008年1月末を100と指数化してプロットしたものである。まず、

図表16　イスラム株価指数の相対的推移

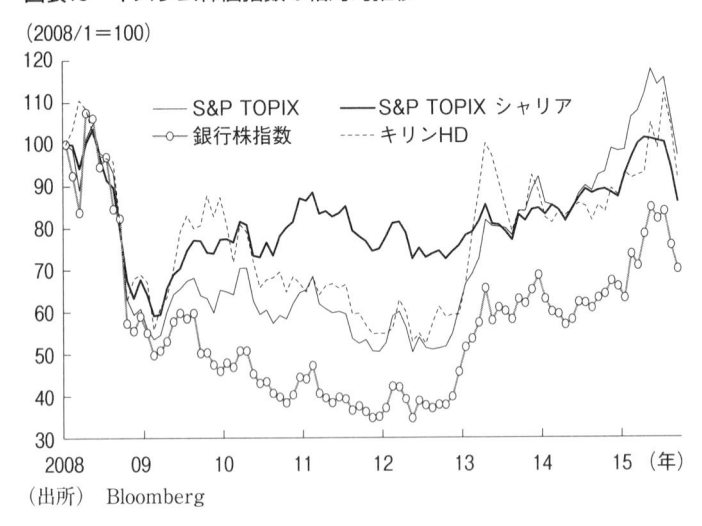

(2008/1＝100)

（出所）　Bloomberg

コンベンショナル株価指数（以下「全体指数」）とイスラム株価指数（以下「シャリア指数」）の推移をみると、水準の差などはあるが、おおむね類似した動きになっていることがうかがえる。上がるときはどちらも上がり、下がるときはどちらも下がるため、グラフの形状としては似た姿になる。銀行株指数は、全体指数とシャリア指数との相対的な関係を把握するうえで有用であるため併記している。銀行株指数は当然シャリア不適格であり、シャリア指数との間に銘柄の重複はない。銀行株指数が著しく上昇している局面においては（たとえば2013年前半）、つれて全体指数も上昇している一方、シャリア指数の上昇は限られている。逆に、銀行株指数の2009年後半〜12年の趨勢的な

下落局面においては、シャリア指数の全体指数に対する相対的パフォーマンスは上昇している（両者の差が拡大している）。この点をふまえると、以下の近似式を導出することができる。

> シャリア指数の動き ≒ 全体指数の動き − 金融株指数の動き

　他方で、シャリア指数の上昇は、必ずしもイスラム投資家による需要が高いことによるものではなく、上記の近似式による結果にすぎない。このため、たとえば2009年前半においてシャリア指数は上昇しているが、明白なシャリア不適格銘柄であるキリンホールディングスの株価も上昇している。要するに、イスラム投資家の投資行動は、それだけで株価を変えるほど大きな存在ではないということである。

　株価指数を利用したファンド商品として、すでに多様なものが開発・販売されている。おおむね市場指数（ベンチマーク）に沿ったパッシブ型もあるほか、絶対パフォーマンスをねらったアクティブ型、業種・地域などを絞ったものもある。また指数を個別株のように取引できるETF（Exchange-traded Fund：上場投資信託）もあれば、個人向け投信もある。

　以上は株式投資についてであったが、株式投資以外のファンドもある。ムダラバ・スキームにおける運用対象が置き換わっただけであり、不動産、スクーク、コモディティ、ハイブリッド、ファンド（ファンド・オブ・ファンズとして）などが取引されている。

第14講 商品(4) デリバティブ ——スワップとオプション

　イスラム金融の世界にもデリバティブは存在する。イスラム金融に限らず一般的にも、デリバティブとの用語（あるいは先物、スワップ、オプションなどの取引名称）自体が、大きな損失を被るリスクのある何かいかがわしいものとの印象をもたれることもあるが、一方で、デリバティブの利用なしにはさまざまなリスクにさらされることになってしまうことから、デリバティブ取引はその適切な利用とそれ自体のリスク管理により収益の安定に寄与するツールであるという認識が一般の金融業界では高い。そのような効果はイスラム金融業界でも認識されている部分がある。実際に金利スワップ相当のプロフィット・レート・スワップは頻繁に用いられている。

　まず、そのプロフィット・レート・スワップから説明する。プロフィット・レートとは「金利」の代替用語と理解すればよい[18]。固定金利と変動金利のキャッシュ・フローを交換する一般的な金利スワップに相当する取引を考えよう。エッセンスとしては、固定"利益"と変動"利益"の支払部分を、コモディティ・ムラバハやイジャラのようなスキームを使って創出し、

---

[18] 第12講で述べたとおり、スクーク（イスラム債）においても、金利を想起しがちなクーポンという用語のかわりに「プロフィット・レート」との語を用いることが多い。

それを同時に相対で行うことにより固定・変動のスワップを実現するもの、ということである。図表17では、ややデフォルメしたかたちでそのようすを表している。コモディティ・ムラバハを用いる場合、一方（図表17ではCM契約#1）の支払額は変動金利水準、もう一方（同#2）の支払額は固定金利水準になるようにコモディティ売買によるキャッシュ・フローが創出される。

この取引は広範に用いられ、そのため第19講で述べる日本法体系の改正（「主要行等向けの総合的な監督指針」等）においても明示されたスキームとなっている（Ⅲ－4－2(3)③）[19]。二つのコモディティ・ムラバハを組み合わせたこのスキームは、2005年にマレーシアのCIMBが開発したものとして知られる。このほか、クウェート・ファイナンス・ハウスのマレーシア法人が

図表17　コモディティ・ムラバハを用いたプロフィット・レート・スワップのスキーム例

```
              #1に基づく
             変動"利益"の払い
       ┌─────────────────────────┐
       │                         │
       │        CM契約#1          │
  A銀行 ←─ ─ ─ ─ ─ ─ ─ ─ ─ ─ ─ ─→ B銀行
       │        CM契約#2          │
       │                         │
       └─────────────────────────┘
              #2に基づく
             固定"利益"の払い
```

（注）　CM：コモディティ・ムラバハ。

19　なお、こうした解釈については、金融庁担当官による寄稿（湯川[2015]）が参考になる。

2008年の仏カリヨン（ロンドン拠点）との取引のために開発した、二つのイジャラ契約を用いた「イジャラ・レンタル・スワップ」のスキームもある。ただしこのスキームについては、イジャラ部分の価格設定が金利をベースとしているためシャリア不適格との声も出されており、その面での使いにくさがあるようである。とはいえ、一般論としてスクークやローンなど大半のデット系イスラム金融取引は、コンベンショナル金融で用いるLIBORなどの金利指標をベースとした価格体系となっている現状にかんがみると、本スキームをシャリア不適格とする見方は厳しすぎるようにも思われる。

次に、イスラム金融のオプション取引をみてみよう。あまり文字として事例が公表されることはないが、「アルブン（*arbun*）」という契約概念により実現が可能と考えられている。アルブンとは、予約金のような契約概念で、一定の金額により売買契約（価格等）を予約でき、その予約金額を控除しつつ売買契約を実施する場合には売買できる（しなくてもよい）取引である。ここでいう予約金がオプション・プレミアムであり、あらかじめ合意した売買契約の価格が行使価格となる。

このように、イスラム金融方式のデリバティブは、量的には限定的ながら実際に開発・取引されており、イスラム銀行業界の課題の一つであるリスク・ヘッジ・ツールの提供という観点で大きな意義を有していると考えられる。一方で、その利用自体が原則としてヘッジ目的に限られることにも十分に留意しなければならない。なお「デリバティブ」との言葉がシャリアの

観点で望ましくないとの考えにより、「risk management products」や「hedging tools」といった表現が用いられる場合もある。

　2010年以降は、イスラム金融のデリバティブ取引の契約書に関する標準化に向けた動きがみられている。イスラム金融の市場整備のために設立された国際機関であるIIFM（International Islamic Financial Market）は、デリバティブ取引のマスター契約書の提供で知られるISDA（International Swaps and Derivatives Association）と共同で、2010年に「ヘッジに関するマスター契約書（ISDA/IIFM *Tahawwut*［Hedging］Master Agreement［TMA］）」を、2012年に「プロフィット・レート・スワップの商品基準（ISDA/IIFM *Mubadalatul Arbaah*［Profit Rate Swap］）」を、2015年には「イスラミック・クロス・カレンシー・スワップの商品基準（ISDA/IIFM *Himaayah Min Taqallub As'aar Assarf*［Islamic Cross Currency Swap］）」を作成・公表した。これらにより、イスラミック・デリバティブの効率的な取引実施が期待される。

第15講 商品(5) タカフル（イスラム保険）

イスラム保険は「タカフル」と呼ばれる。相互扶助を意味するアラビア語である。なぜ保険が相互扶助と呼ばれるのかは、本講を読み進めるにつれおのずと理解できるだろう。

そもそも、コンベンショナル保険は、イスラム金融の観点では難点だらけである。「不確実な状況のもとで"当たり"（＝保険金支払事由）の事象が発生した場合にはお金がもらえる」というのはギャンブルと解される（マイシール）。何が保険金支払事由に該当して何がしないかという点で、日本でもそのようなトラブルは多いが、不明瞭なもの（ガラル）として回避されるべき要素だ。加えて、コンベンショナル保険には、養老保険のように、満期になると拠出した保険料の総額を超える金額が支払われるものもあるが、その超過分は金利（リバー）と解される。このように保険は、金融取引構造においてシャリアが禁止する主な要素を併せ持つものなのである。

しかし、保険という金融商品は、現代社会に生活する人々や企業等にとって有用なものである。そこでイスラム社会は、シャリアに反さないかたちでの保険を産み出した。

基本的な考え方は、次のとおりである（図表18参照）。被保険者（保険に加入する人：タカフル用語では加入者）が支払った保険料は、タカフル会社の所有となるのではなく、タカフル会社

図表18　タカフルのスキーム例

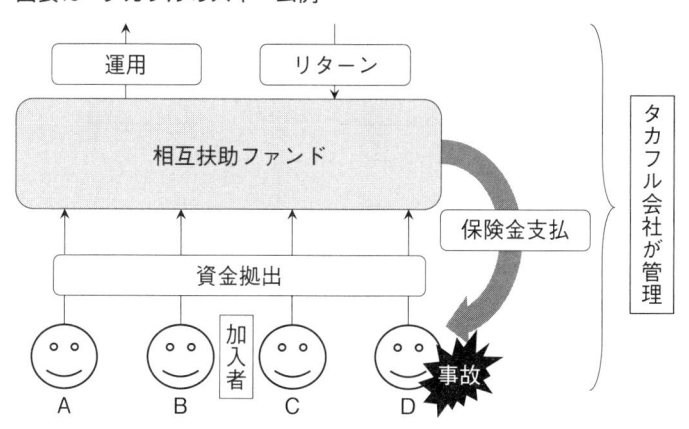

が管理する基金（相互扶助ファンド）に属する。多くの人が保険に加入している状況のもとで（彼らを加入者A～Dとする）、そのうちの一人（加入者D）に保険金支払事由（自動車保険でいえば、自動車事故）が発生して保険金が支払われる場面を考えると、それは加入者A～Cが、自動車事故にあって困っている加入者Dを助けることになる。困っている人を助けるのは、公平を重んじるイスラムの観点からは望ましい。反教義的要素であるギャンブル性を回避し、教義の是とする公平につなげるスキームは、このように実践される。不明瞭性（ガラル）は、すべての起こりうる事象を契約書に盛り込むことは現実的でないためベスト・エフォートのベースで考えられ、金利性（リバー）は、ファンドの余資運用を配当として付すようなかたち（すなわち、第8講で述べたムダラバ）などで、コンベンショナル

保険の機能を極力維持しつつシャリアに反さない取引が実現されている。

　タカフルの存在は、イスラム金融業界を俯瞰したときに二つの観点で重要である。一つは、これまで教義を遵守する観点から保険に加入しなかった人々に、意義のある保険機能を利用できる環境をつくりあげたという意味で、イスラム金融にすることがムスリムの社会厚生を高めた点である。イスラム社会には、いまも教義に反するとして保険に入らない人々がたくさんいるが、それはタカフルの存在を知らなかったり近隣にサービスを利用できる環境がなかったりするからであり、タカフル産業の営業努力や金融当局・学校等の金融教育などによって徐々に普及していくことだろう。

　もう一つの観点は、タカフルの存在が他の金融商品の需要を生み、イスラム金融産業全体の拡大に寄与していることである。たとえば、イスラム金融方式の住宅ローンを提供する際に銀行は借り手にファミリー・タカフル（イスラム生命保険）への加入を義務づけることがある。こうすることで、銀行としては、万が一借り手が死亡した場合にも保険金支払によって残債の回収が容易になる。逆に、ファミリー・タカフルがない場合に借り手がコンベンショナル保険への加入を宗教的理由から拒めば、借り手死亡時の取りっぱぐれを懸念した銀行が融資を躊躇し、住宅ローン取引自体が発生しなくなってしまう。また、先に述べたように、保険会社が一般に行う余資運用は、タカフル会社の場合にはイスラム金融での運用となるため、これも資

産運用業界の需要増加につながるものである。

　こうした意義のあるタカフル業界を世界ベースでみた場合、日本の保険会社が健闘している点は興味深い。日本全体のイスラム金融のパイオニアともいえる東京海上は、1990年代からタカフル事業に関する調査を始め、2000年代前半にはサウジアラビアでビジネスを開始した。その後、シンガポール、インドネシア、マレーシアと実践の場を広げ、2010年にはエジプトにも及んだ。こうしたグローバル・タカフル事業への積極性は、欧米系保険会社よりも前向きである。同社がタカフルによる海外展開を本格化させるまでの経緯は、同社の綾部氏による全面的な協力を得ながら執筆した、吉田（2007）の第5章に詳しく書かれているので、イスラム金融ビジネス戦略のケース・スタディとして活用されるとよいと思う。

　なお、同社がマレーシアで現地金融グループのホンリョンと合同で設立したタカフル会社は、その後ホンリョンが、同社にとって同業他社である三井住友海上と包括的な資本提携をしたことから、現在は三井住友海上がホンリョンMSIGタカフル社としてその事業を行っている。

コラム 6

イスラム金融、またの名を……

　イスラム金融が誤解を受けやすいことの根幹は、イスラムそのものが誤解を受けやすいことにある。こうした事情などにより、世界各地を見渡すとIslamic Financeではない呼び方でイ

スラム金融を表現する例がみられている。

　比較的利用される頻度が高いのは、Alternative Finance（代替的金融）、Ethical Finance（倫理的な金融）、Faith-based Finance（信仰に基づく金融）といったところである。イスラムとの名は冠していないものの、よりイスラムであることが伝わりやすい、アラビア語を語源とする専門用語による表現として*Halal* Finance（ハラル金融）、*Shariah*-compliant Finance（シャリア適格金融）、*Riba*-free Finance（金利のない金融）などもあるが、アラビア語だけに上述の代替呼称の目的が十分に果たされているとは考えにくい。

　興味深いのは、自国における他宗教への配慮の必要性等の理由により、法令や銀行名等においてイスラムの名称に言及することが禁じられ、そのかわりに決まった用語がある事例である。ナイジェリアでは、国民の約半分がムスリムである一方、残りの半分がキリスト教徒であるという事情もあり、イスラム銀行は、Non-interest Banking（無利子銀行）と呼ばれる。トルコではムスリム国民が大半であるが政教分離政策のもと、Participation Banking（参加型銀行）と呼ばれている。モロッコでも同様の呼称が用いられている。

　インドネシアでは、イスラム銀行ではなく「シャリア銀行」と呼ばれることが多いが、これは政策的理由よりも、慣行によるものとみられる。銀行法（1992年第7号法）1条にも「シャリアの原理に基づく金融」といった表記がある。なおインドネシアでは、2007年にイスラム銀行の統一ロゴを制定し「iB」と表記して、シャリアではなく（国際標準である）イスラミックとの語を用いることとなったが、現状、銀行名の一部としてのシャリアや一般名称としてのシャリア・バンキングという用法は引き続き一般的である。

第 III 編

ニッポンのイスラム金融：グローバル競争のなかで

第16講 日本の取組み：これまでの発展

　本編では、わが国イスラム金融の経緯と展望について述べる。イスラム金融というと、（イスラム全般について抱かれがちなネガティブ・イメージのほかに）「なんだか遠くの異文化圏の話」「金融取引の基本である利息を禁じた奇妙な慣行」といった、ある種の疎遠な印象を想起する読者が多いかもしれない。そうした印象とは裏腹に、日本政府や日系金融機関・企業などは、国際的に成長著しいこの金融分野に着実に取り組んできた。換言すれば、これからイスラム金融に取り組むことを考える読者にとって、本講を読めばすでに先人たちの実績が多くあることがわかり、イスラム金融は雲を掴むようなものではなく「自分にもできるもの」として精神的参入障壁の低さを感じ取ることができると思う。時系列の経緯は後掲の図表19を追ってもらうとして、以下では分野ごとに日本のイスラム金融の姿を概観する。

　まず、日本政府のこれまでの取組みは、世界に見劣りするものでは決してないと筆者は考えている。銀行分野については、2008年の銀行法施行規則改正による銀行子会社への解禁を経て、2015年の「主要行等向けの総合的な監督指針」の変更により銀行が大方の種類のイスラム金融取引を扱えるようにするなど、着実に対応してきた。これらについては第19講で述べる。

また、非イスラム圏諸国にとっても重要なスクーク（イスラム債）についても、法律・税制面の技巧を駆使した既存制度の活用を中心に実施可能な体制を整えた（第20講参照）。

　民間部門の動きも活発である。より詳しい事例等については第17講に記載しているが、銀行、証券、アセット・マネジメント、プライベート・エクイティ、保険（タカフル）など、すでに幅広い分野での取組みがみられる。また金融機関ではなく、格付会社や、トヨタやイオンをはじめとする事業法人の取組みがみられるのも、裾野の広がりやイスラム金融の活用の意味を考えるうえで貴重な事例である。

　国際機関を活用した事例がある点にも注目したい。イスラム金融の国際規制の策定等を行う国際機関であるIFSB（イスラム金融サービス委員会）に、オブザーバー会員として、日本銀行や、政府系金融機関である国際協力銀行などが比較的早期に参画している。これに他の民間金融機関が追随し、非イスラム圏諸国としては最も多い国別会員数を誇っている。また、（図表19には掲載していないが）欧州三井住友銀行がイスラム開発銀行（IDB）グループのICIEC（イスラム投資・輸出保険機関）と、また同グループのICD（イスラム民間開発公社）とマレーシア三菱東京UFJ銀行が提携したことなどは、国際機関の知見やネットワークを活用したわが国イスラム金融ビジネスの活性化を展望するうえで期待がもてるものである。世界的なオーソリティとの関係構築に安住することなく、これらが実践や競争力につながることを期待したい。

図表19 日本のイスラム金融発展史：概観

年	内　　容	種　別
1980年代	商社・銀行のロンドン拠点等が中東石油会社からイスラム金融方式に似た資金調達を実施	民間機関
1990年代	野村アセット・マネジメント、DIAMがイスラム株式投資ファンドを中東で販売	民間機関
2001	東京海上がサウジアラビアで現地企業との合弁によりタカフル（イスラム保険）業務を開始	民間機関
2005	バーレーンの投資会社ARCAPITAとシンガポールの不動産会社Capitalandの合弁不動産投資ファンドが日本の物件に投資開始	民間機関
2006	東京海上がマレーシアの金融グループのホンリョンとの合弁でホンリョン東京海上タカフルとして現地で事業を開始	民間機関
2007	イオン・クレジット・サービスのマレーシア現地法人がスクークを発行	民間機関
2007	国際協力銀行が日系機関で初めてIFSB（イスラム金融サービス委員会）に加盟。その後、日銀等も参加	その他振興
2007	東京証券取引所がS&Pとの共同事業として、日系機関初のイスラム株価指数である「S&P/TOPIX Shariah 150指数」を運用開始	民間機関
2007	クウェートの銀行系ファンドBoubyan Global Real Estate Fundが日本の物件に投資開始	民間機関

年	内　容	種　別
2007	金融庁発表の「金融審議会金融分科会第二部会報告」に、銀行・保険グループによるイスラム金融の解禁が明示される	制度
2007	金融庁発表の「金融・資本市場競争力強化プラン」に、銀行の子会社等に対するイスラム金融の解禁が盛り込まれる	制度
2008	日本経済新聞社が「イスラム金融シンポジウム」を開催。マレーシア中銀総裁、福井日銀総裁（当時）等が講演	その他振興
2008	トヨタの在マレーシア販売金融子会社（UMWトヨタキャピタル）がスクークを発行	民間機関
2008	早稲田大学大学院ファイナンス研究科がイスラム金融を正規講座として設置	その他振興
2008	大和アセット・マネジメントがシャリア適格なETF（上場投資信託）をシンガポール取引所に上場	民間機関
2008	銀行法施行規則の改正により、銀行の子会社等によるイスラム金融が解禁される	制度
2009	野村イスラミック・アセット・マネジメントがイスラム資産運用を専門に扱う主体としてマレーシアで事業開始	民間機関
2009	日本経済新聞社等が「イスラム金融シンポジウム2009」を開催。各国政府・中銀要人、第一線の実務家・シャリア学者等が講演	その他振興

年	内容	種別
2010	SBIがブルネイ財務省と共同でイスラミック・プライベート・エクイティ・ファンドを設立	民間機関
2010	野村證券グループがスクークを発行。同時期に、コモディティ・ムラバハによる資金調達も実施	民間機関
2010	金融庁が「平成23年度税制改正要望」として日本版スクークの実施に伴う諸税制改正措置を要望。その後大綱に掲載され実施決定	制度
2010	大和証券が、シンガポール取引所に上場されたイスラム不動産投資信託(Sabana REIT)の共同主幹事を務める	民間機関
2010	マレーシアの情報会社RedMoneyが東京で大規模なイスラム金融セミナー「Islamic Finance news Roadshow 2010 Japan」開催	その他振興
2011	三井住友海上が、マレーシアのホンリョンとの資本提携によりホンリョンMSIGタカフルとして事業開始	民間機関
2011	早稲田大学大学院ファイナンス研究科がマレーシアの国際イスラム金融大学(INCEIF)と協力協定を締結	その他振興
2012	証券保管振替機構(ほふり)が社債的受益権を活用したイスラム債の取扱いを開始	制度

年	内　容	種　別
2012	オリックスが、イスラム金融も展望した中東・北アフリカ圏でのビジネス拡大のためクウェートの王族系投資会社と提携。サウジアラビアでスクークを発行	民間機関
2013	財務省がマレーシアとの間の二国間金融協力における題材の一つとしてイスラム金融を盛り込む	その他振興
2014	内閣府の審議会「規制改革会議」でイスラム金融の銀行本体による提供が提案され、その後決定される	制度
2014	投資会社INSPiREがマレーシア政府系ファンドPNBと共同でイスラミック・プライベート・エクイティ・ファンドを設立。多くの地方銀行も参画	民間機関
2014	国際協力機構がイスラム開発銀行グループのイスラム民間開発公社との間でイスラム金融に関する業務協力協定を締結	その他振興
2014	格付投資情報センターがマレーシアの格付会社MARCとの間で業務協力協定を締結	民間機関
2015	金融庁が「主要行等向けの総合的な監督指針」等を改正し、銀行等に種々のイスラム金融を認める	制度
2015	慶應義塾大学がマレーシアの国際イスラム金融大学（INCEIF）と協力に関する包括協定を締結	その他振興

（出所）　Yoshida (2014)、各種報道、各機関ウェブサイト等より筆者作成

第17講 金融機関の現状

　日系金融機関によるイスラム金融の主な実績を表形式で簡単に示す。

図表20　日系金融機関によるイスラム金融の取組み実績
　　　　（メディアで報じられるなどした主要例）

証券	野村證券グループ（アセット・マネジメントを含む）	・2009年、野村イスラミック・アセット・マネジメント社設立 ・2010年、1億ドルのスクークを発行 ・2010年、コモディティ・ムラバハによる資金調達を実施 ・社員をイスラム金融専門大学INCEIFやシャリア・コンサルティング会社に派遣 ・IFSBの元オブザーバーメンバー。野村アセット・マネジメント（マレーシア）は現在もメンバー ・海外でのスクーク引受の実績あり
	大和証券グループ（アセット・マネジメントを含む）	・2007年7月、大和証券投資信託委託（大和アセット・マネジメント）が英国指数企業FTSEと共同で、「FTSE Shariah Japan 100 Index」の作成を発表 ・2008年5月、大和アセット・マネジメントが上記指数に基づくシャリア適格なETF（上場投資信託）をシンガポール取引所に上場

		・2010年11月、シンガポールに上場されたイスラム不動産投資信託「Sabana REIT」の共同主幹事を務める ・海外でのスクーク引受の実績あり
保険	東京海上グループ	・2001年、サウジアラビアにおいて現地代理店フセイン・アウエニ商会を通じてタカフルの提供を開始 ・2004年、インドネシア現地法人にてタカフルの提供を開始 ・2004年、シンガポールに東京海上リタカフルを設立 ・2006年、マレーシアにて現地金融グループ・ホンリョンとの合弁でホンリョン東京海上タカフルを設立（2011年、株式売却） ・2010年、エジプトにてナイル・ファミリー・タカフル社、ナイル・ジェネラル・タカフル社がそれぞれ開業（設立は2008年） ・2012年、サウジアラビアにて現地銀行との間で合弁会社アルインマー・トウキョウ・マリン社設立、タカフルを提供
	三井住友海上	・2011年、マレーシアにて現地金融グループ・ホンリョンとの合弁でホンリョンMSIGタカフルにてタカフル事業開始
	三井住友銀行 （含む海外子会社）	・2009年、欧州三井住友銀行（SMBCE）にてイスラム金融専門部署発足 ・2012年、サウジアラビア・メディナ空港拡張事業案件（7.5億ドル）のフィ

銀行		ナンシャル・アドバイザー（FA）を務める ・2014年、イスラム開発銀行グループのイスラム投資・輸出保険機関（ICIEC）と協力に関する覚書を締結 ・IFSBのオブザーバー・メンバー
	みずほ銀行 （含む海外子会社）	・2008年、サウジアラビアのリン鉱石発掘・精錬プロジェクト（マーデン）向けの融資を実行 ・2014年、東京センチュリーリースのマレーシア現地法人に融資実行 ・2014年、マレーシアの地場企業サンウェイの子会社に融資実行 ・職員をINCEIFに派遣 ・IFSBのオブザーバー・メンバー
	三菱東京UFJ銀行 （含む海外子会社）	・2009年、マレーシア現法にてイスラム金融専門部署発足。その後、シャリア・ボードを設置 ・2012年、政府系海運会社ブルネイ・ガス・キャリアにSMBC等と1.7億ドルの協調融資を実行 ・2014年、イスラム開発銀行グループのイスラム民間開発公社（ICD）と協力に関する覚書を締結 ・2014年、マレーシアで円建てを含むスクーク発行枠設定 ・2015年、ドバイ支店において監督当局（DFSA）より免許取得、預金実行等 ・職員がINCEIFで学ぶ ・IFSBのオブザーバー・メンバー（マレーシア現法）

投資会社	インスパイア	・2014年、マレーシアの政府系ファンドPNBとの間でシャリア適格なプライベート・エクイティ・ファンド「INSPiRE Ethical Fund 1投資事業有限責任組合」を設立（当初約50億円）。大分銀行、荘内銀行、広島銀行、北都銀行、大垣共立銀行、十八銀行、東北銀行、みちのく銀行、滋賀銀行、筑豊銀行等の地銀、新生銀行、芙蓉総合リース、中小企業基盤整備機構等が参画
	SBIホールディングス	・2010年、ブルネイ財務省と共同で、シャリア適格なプライベート・エクイティ・ファンド「SBI Islamic Fund (Brunei) Ltd」を組成
その他	トヨタ・キャピタル等	・2008年、マレーシアにてスクーク発行（10億リンギットの枠設定。約320億円相当）。2015年にも再度発行 ・職員がINCEIFで学ぶ
	イオン・クレジット・サービス	・2003年より、イスラミック・パーソナル・ローン等を提供 ・2007年、マレーシアにてスクーク発行
	オリックス	・2012年、サウジアラビアでスクーク発行 ・スリランカ、中東にてイスラム金融事業を実施

（出所） Yoshida（2014）、各種報道、各機関ウェブサイト等より筆者作成

コラム ⑦

イスラム銀行のアラブ・クールなブランド名

　コラム5ではイスラム金融の別名について触れたが、呼称の観点では、イスラム銀行（兼業銀行のビジネス・ブランドを含む）の名称におけるアラビア語部分についても並べて観察すると興味深い。この点については、拙著（吉田 [2007]）のコラム3としてすでに言及したが、その後の進展を中心にここでまとめておこう。

　同コラムで紹介したのは、HSBCアマナ（アマナ：信頼）、スタンダード・チャータード・サアディク（サアディク：誠実）、BNPパリバ・ナジマ（ナジマ：星）、NORIBA（リバー：金利。UBSがかつて有していた子会社で、「No金利」の意味）であった。その後ほかにも、マレーシアのOCBC Al-Amin（アミン：信頼）、ケニアのChase Iman（イマン：信仰）などが出てきているほか、米国で住宅ローン等を提供するLARIBAは、アラビア語で否定を意味する*la*と、金利を意味する*riba*の造語であることに気づいた。以前からLARIBAの名称自体は知っていたが、その点に関するアラビア語の知識が筆者になかったため過去にはその語源に気づかなかったのである。なお、筆者のアラビア語の素養は、コラム2でも述べたとおりいまだ皆無と断言できる状態にある。

　数ある付加名称のなかでも圧倒的な人気を誇るのは、アマナである。前著のコラムで紹介した2件に加え、スリランカのAmana Bank（系列のAmana Takaful Insuranceを含む）、ケニアの地場銀行National Bank of Kenyaのウィンドウである National Amanah、マレーシアの専業投資銀行MIDF Amanah、インドネシアのYayasan Amanah Takaful、ニュージーランドで投資信託を販売するAmanah Ethicalな

ど、他の追随を許さない。業界で古くから競争力をもっていたHSBCアマナの影響を受けた可能性もあるが、その検証は別の機会に譲ることとする。

第18講 イスラム金融の資金がニッポンを変える

　本講では、日本のイスラム金融の実例を示すうえで一つの重要な論点である、日本への投資（しばしば「インバウンド投資」と呼ばれる）について概観しておこう。図表1でみたように、原油価格が上昇を続けていた2008年までに、豊富な流動性のもと、中東イスラム圏からの日本への投資はそれがイスラム金融のかたちであろうとなかろうと多くみられた。国際資本投資を行う投資家にとってファンド取引が当たり前のこととなっている現代においては、投資資金の最終的な出所を特定することは困難である。たとえば、中東の王族がシンガポールにあるコンベンショナルなアセット・マネジメント会社が提供するイスラム日本株ファンドの購入を通じて日本株に投資した場合、日本で売買を仲介した証券会社がそれを「イスラムの資金」と認識することは困難である。

　とはいえ、目にみえるかたちでイスラム資金が日本に来ていたことも事実であり、以下でそうした事例を紹介しようと思う。こうした情報により、実際にイスラム資金がニッポンに上陸していたことを実感することができるだろう。

　最初の事例として、クウェートのブビヤン銀行の不動産投資案件を取り上げる。同行傘下のブビヤン・グローバル・リアル・エステート・ファンド（BGREF）が、都内の不動産3件に

43.8億円を投資した際、図表21のようなスキームを用いた。要諦は、シャリア適格なスキームとするため二つのSPC（特別目的会社）を設立した点である。順を追って説明しよう。

BGREFはイスラム不動産投資ファンドである。日本の不動産を、レバレッジをかけて（＝借入金による部分を交えて）取得したいと考えているが、日本には不動産取得資金をイスラム金融方式にて提供できる金融機関はなく利子付きの借入れに頼らざるをえない。本スキームでは、BGREFがSPC2に出資（＝エクイティを供与）する。一方で、不動産金融機関であるハイポ・リアル・エステートはSPC1に資金をコンベンショナル方式で貸し付け（デットの供与）、SPC1はその資金を用いて不動産を取得する。SPC2は、不動産を所有するSPC1との間で不動産に関するリース契約を結び、それにより利用している不動産をテナント向けに貸す。テナントからあがってくるリース料（賃貸料）のうち、一部は借入金の返済原資としてSPC1にリース料として支払われ、残りはSPC2への出資に対する配当としてBGREFに支払われる。

図表21　ブビヤン銀行の対日不動産投資スキーム

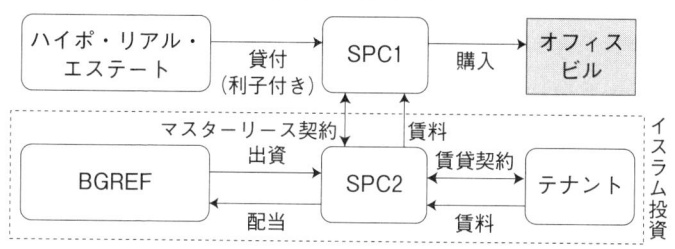

この流れを、BGREFに限ってみてみよう。BGREFは、SPC2に出資する。これはムダラバ契約である。SPC2が行う事業は、SPC1の所有する不動産をリースにより借り、テナントに貸すというものである。これらはイジャラ契約である。SPC2が行うイジャラ事業からの収益をムダラバ契約の配当として受け取る事業への投資であるため、BGREFは一気通貫してイスラム金融での投資を行っていることとなる。

　ところで、一般にシャリアの観点からは、金融だけの債権債務（イスラム法学用語でいうダイン：$dayn$）よりも実物資産（同じくアイン：$'ayn$）が望ましいという傾向があり、目にみえる実体のある不動産投資は、一般にイスラム投資家に好まれやすい。このため、不動産投資を通じた資金の呼込みは、イスラム投資のなかでもより期待度の高い分野といえるだろう。

　もう一つの事例として、マレーシアにてイスラム金融での資産運用を行う野村イスラミック・アセット・マネジメント（NIAM）について記載しておこう。もともとは、野村アセット・マネジメント・マレーシア社が担っていたイスラム運用の機能を専門化するため、2008年にNIAM社が設立され、2009年より営業を開始した。すでに随所で紹介しているとおりマレーシアはイスラム金融の一大拠点であるが、そうした事情もあって現地機関投資家（国営投資会社や民間金融機関等）によるイスラム投資の需要も大きく、それに応えるため同社が設立された。加えて同社は、中東のイスラム投資家からも日本株のイスラム資産運用を請け負っており、同社を通じた資本フローによ

りイスラム・マネーが日本に上陸する仲介役となっている。

　同様に、大和証券投資信託委託（大和アセット・マネジメント）も、2008年にシャリア適格な日本株上場投資信託（ETF：Exchange-traded Fund）をシンガポール取引所（SGX：Singapore Exchange）に上場した。現地の中央銀行に相当するシンガポール金融管理局長官も列席した上場記念式典には、筆者もたまたまシンガポール出張中であったため参加した。そのとき、乾杯のグラスに入っていたのは、シャンパンではなくスパークリング・アップル・ジュースであったのを思い出す。その模様は、TBS系のNEWS 23等でも放送された。同社のETFは、その後2012年に上場廃止となったが、筆者としては大きな意義のある取引だったと評価している。というのも、ETFを組成するにあたり、イスラム株価指数の作成から始めていたからである。同社は、シャリア適格な日本株ファンドを組成するうえで必要となる日本株のイスラム株価指数を、英国の指数企業であるFTSEと組んで、2007年7月に「FTSE Shariah Japan 100 Index」として独自に開発したのである。上場廃止の背景には、その後の金融危機もあって日本株（というよりむしろ世界の株価）が低迷したことも大きく影響している。ビジネス面でのさまざまなむずかしさはあるにせよ、同社の腰をすえた取組みは、世界のマネーフローを変えた。イスラム金融は、日本の企業・都市等の発展のために大きく活用することができる好例といえるだろう。

第19講 制度の進展（その１）：銀行法関連

　2000年代中盤までの油価上昇もあって地球規模でイスラム金融への取組みが熱を増すなか、日本においてもイスラム金融に乗り遅れまいとの機運が高まるにつれ、わが国政府は制度的な対応を着実にとっていった。本講と次講では、そうした制度的進展の概要を述べる。いずれも、シャリア適格なスキームとするうえで、利子の概念を回避するために取引構造を複雑化することに起因する、既存の制度的枠組みへの適応に係る対応である。まず本講では、銀行法関連の措置につき課題を明らかにしつつ時系列に追うこととしたい。

　問題の所在は、融資取引をイスラム金融方式で実現するうえで、ムラバハやイジャラ等のスキームが、銀行法10〜12条に規定する銀行の業務の範囲外と考えられたことにある。同条項には銀行が行うことができる業務が記載されているが、12条の最後に「他の業務を営むことができない」とある（いわゆる「他業禁止」）ことから、資産や物品等の売買・貸借を銀行が行うムラバハやイジャラ等ではそれが他業と解釈された、ということである。大雑把にいえば、資金関連業務や一部の証券関連等の金融業務は行っていいが、それ以外の事業（資産等の売買を含む）は、リスクを金融関連に限定する観点から、銀行が行うことを禁じる、という趣旨によるものである。

こうした状況において、金融庁の金融審議会「我が国金融・資本市場の国際化に関するスタディグループ」での審議等をふまえ、2007年12月に公表された「金融審議会金融分科会第二部会報告～銀行・保険会社グループの業務範囲規制のあり方等について～」は「実質的に与信と同視しうるという要件の充足を条件に、イスラム金融を銀行・保険会社グループの業務範囲に加えることが適当である。なお、イスラム金融の実施主体については、銀行・保険会社の子会社及び兄弟会社にリース業務を認めている現状も踏まえ、銀行・保険会社の子会社及び兄弟会社とすることが適当である」と論じた。

　これをふまえ、同年同月公表の「金融・資本市場競争力強化プラン」に「銀行・保険会社の子会社（持株会社の子会社を含む）に対するイスラム金融の解禁」が盛り込まれた。そして法令改正のパブリック・コメントのプロセスを経て、2008年12月、銀行法施行規則の改正により、銀行の子会社の業務範囲に次の条項が追加され、銀行や保険会社の子会社による、ムラバハやイジャラといったイスラム金融方式での貸付が認められたのである。

　これを受け、外国銀行の国内事業進出に際しては現地法人での形態としているマレーシアにおいて、既存の邦銀であったマレーシア三菱東京UFJ銀行に加え、その後三井住友銀行、みずほ銀行も、現地の外国銀行免許の追加の機会にイスラム金融をも展望しながら免許を取得した。営業開始後は、イスラム金融の実績もあげている（第17講参照）。

しかし、マレーシアにて完結する小口の取引ならまだしも、グローバルにイスラム金融を手がけようと考える銀行にとって、子会社でないとイスラム金融ができないというのでは、どうにも非効率であった。専門子会社をつくろうにも実績が十分にないなかで収益見通しも立たない。そもそも、たとえばシンジケート・ローン案件で、顧客のニーズによってイスラム金融でのファイナンスが求められそうなとき、銀行からは一人で完結する内容の交渉であっても、銀行子会社の社員も連れていかないと対応できないということでは、きわめて非効率である。銀行子会社の自己資本額に見合わないほどの融資額を期待された場合、本体なら対応できても子会社だと対応できない。これらの背景から、2014年3月、銀行業界より「銀行本体でのイスラム金融解禁」が求められ、実際に「規制改革会議」の枠組みにて議論され要望が寄せられた[20]。その内容は、審議を経て同年6月の「規制改革実施計画」に盛り込まれ、銀行本体でのイスラム金融の解禁が決まった。具体的な措置としては、2015年4月1日、「主要行等向けの総合的な監督指針」と「中小・地域金融機関向けの総合的な監督指針」をそれぞれ改正するかたちで実施された。具体的には、次の項目を同監督指針のV－2－2におけるその他付随業務等の取扱いとして追加した[21]。

---

20 規制改革会議「第9回貿易・投資等ワーキング・グループ」議事要旨参照。
21 「中小・地域金融機関向けの総合的な監督指針」においてはⅢ－4－2。内容は同じ。

イ.と②・③は(コモディティ)ムラバハ、ロ.はイジャラ、ハ.はムダラバと解することができ[22]、本改正により幅広い範囲のイスラム金融が可能になったとみてよい。

(参考)「監督指針」におけるイスラム金融の該当部分

> (3) 資金の貸付け等と同様の経済的効果を有する取引
> ① 銀行が、顧客又はその関係者の宗教を考慮して、商品(取引所において売買することができる物品をいう。以下この(3)において同じ。)の売買(取引所外での売買を含む。以下この(3)において同じ。)、物件の賃貸借又は顧客の営む事業に係る権利の取得が含まれる資金の貸付けと同様の経済的効果を有する取引(法第10条第1項第2号又は同条第2項第18号に該当するものを含む。)を行う場合には、以下の点に留意する。
> イ.当該取引に商品の売買が含まれる場合には、当該商品の売買代金に係る信用リスク以外に商品に関するリスク(当該取引に必要となる商品の売買ができないリスクを含む。以下この(3)において同じ。)を銀行が負担していないこと。
> ロ.当該取引に物件の賃貸が含まれる場合(銀行が当該物件の取得前に取得の対価を支払う場合を含む。)には、

---

[22] 実質的な当局見解とみられる資料として湯川(2015)を参照した。

当該物件の賃料に係る信用リスク以外に当該物件に関するリスクを銀行が負担していないこと。また、法第10条第2項第18号の要件を満たすこと、銀行が物件の建設等、銀行が行うことのできない業務を行うこととなっていないこと。

　ハ．当該取引に顧客の行う事業に係る権利の取得が含まれる場合には、当該権利から生じるキャッシュフローが資金の貸付けと同様であり、当該事業に関するリスクのうち当該顧客に対する信用リスクと評価できないものを銀行が負担していないこと。

② 銀行が、顧客又はその関係者の宗教を考慮して、商品の売買が含まれる預金の受入れと同様の経済的効果を有する取引（法第10条第1項第1号に該当するものを含む。）を行う場合には、商品に関するリスクを負担していないことに留意する。

③ 銀行が、顧客又はその関係者の宗教を考慮して、商品の売買が含まれる金利・通貨スワップ取引と同様の経済的効果を有する取引を行う場合には、商品に関するリスクを負担していないことに留意する。

コラム ⑧

イスラムと呼ばれないイスラム銀行

　コラム6でイスラム銀行の名称について触れたが、そこでは、バーレーンのAl Salam Bank（サラム：平安）、マレーシアやインドネシアのBank Muamalat（ムアマラット：シャリア上の人と人との関係）といった、地場銀行によるアラビア語名をもつ銀行は記載の対象としなかった。

　むしろ興味深いのは、イスラムの名を冠さないイスラム専業銀行の例である。これには、コラム5でも触れたような政治的理由が影響している。地域研究者等によれば、イスラムの総本山であるサウジアラビアではイスラムを重んじるため、「イスラム銀行」と呼称するとそれ以外の銀行がイスラムでないことが明白になってしまうことを懸念して、意図的にイスラムと呼ばないようである。また、「銀行」との名が利子を連想させることから、銀行と呼ばずに「Finance House」と呼称する例もある（Kuwait Finance House、かつて存在したEuropean Finance Houseなど）。

　この点で、UAEのNoor Bankによる戦略も注目を集めている。同行はかつて、Noor Islamic Bankとの名称であったが、2014年1月、顧客層のいっそうの拡大を企図してIslamicの言葉を銀行名から落とした。金融行政の変更の影響ではなく、同行のマーケティング戦略がもっぱらの理由である。イスラムへの忠誠度合いを下げるものではないと経営陣は力説していたが、この戦略の巧拙については、もう少し時間が経ってから判断したいと思う。

第20講 制度の進展（その２）：日本版スクークの整備

　前講の銀行分野に加え、資本市場分野においてもわが国金融当局は着実な対応をとっている。2010年８月、金融庁は「平成23年度税制改正要望」にて、日本法のもとで可能な商品ストラクチャを呈示しつつ日本版スクーク（以下「Ｊスクーク」）の取引を実現するための税制改正措置を要望した。その要望は、同年12月に税制改正大綱として採択され、その後関係法令の整備ならびに証券保管振替機構（ほふり）による決済システム面の整備がなされた。すでにＪスクーク発行のためのインフラは整っているが、本書執筆時点においては残念ながらこの制度に基づく発行実績はない。

　本制度の詳細については、図表22とその解説を参照してほしい。また、同図表の出典でもある吉田・岩元（2012）は、筆者が公認会計士との共著によりＪスクークに関する実務面の扱いをまとめたものだが、そこでは公認会計士である共著者がＪスクークの会計処理の試論を展開しているので、実務家や会計の専門家は参照するとよいだろう。

　本制度のポイントを整理すると次のとおりである。

　まず、既存の法体系による枠組みであること。スクークというこれまでになかった金融商品を日本法のもとで整理するうえで、（莫大な手間と時間のかかる）新たな法律を制定するという

図表22　Ｊスクークのスキーム

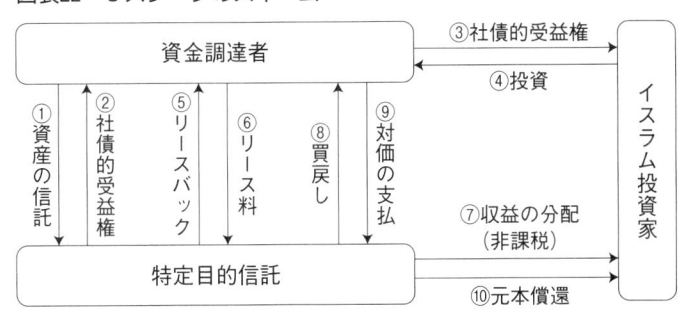

```
          ③社債的受益権
┌─────────────┐ ←──────────── ┌───┐
│   資金調達者    │               │イ │
│             │    ④投資       │ス │
└─┬─┬─┬─┬─┬─┬─┘ ──────────→ │ラ │
  │①│②│⑤│⑥│⑧│⑨                │ム │
  │資│社│リ│リ│買│対               │投 │
  │産│債││ ││ │戻│価               │資 │
  │の│的│ス│ス│し│の               │家 │
  │信│受│バ│料│ │支   ⑦収益の分配   │   │
  │託│益│ッ│ │ │払   （非課税）    │   │
  │ │権│ク│ │ │   ──────────→ │   │
  ↓ ↑ ↓ ↑ ↑ ↓                │   │
┌─────────────┐               │   │
│   特定目的信託   │   ⑩元本償還     │   │
└─────────────┘ ──────────→ └───┘
```

[取引組成時のプロセス]
① 資金調達者は、信託契約に基づき、保有する対象資産（不動産等）を特定目的信託受託者に信託する。
② 特定目的信託は、社債的受益権を資金調達者に対し発行する。
③ 資金調達者は、投資家に対し、社債的受益権を販売する。［この受益証券がイスラム債］
④ 投資家は、資金調達者に対し、社債的受益権の代金を支払う。
⑤ 資金調達者は、特定目的信託より、信託譲渡した資産のリースバックを受ける。

[期中]
⑥ 期中、資金調達者は特定目的信託に対し定期的にリース料を支払う。
⑦ 特定目的信託は、投資家に対し、⑥で受領したリース料を原資として社債的受益権に係る配当を行う。［クーポンに相当するもの］

[償還時のプロセス]
⑧ 資金調達者は、特定目的信託から対象資産（信託財産）を買い戻す。
⑨ 資金調達者は、特定目的信託に対して対象資産の取得対価を支払う。
⑩ 特定目的信託は、投資家に対し、⑨で受領した対価を原資として社債的受益権の元本償還を行う。

（出所）　吉田・岩元（2012）

方法ではなく、資産流動化法という既存の法律を用いた点は、実務面では非常に有益である。なお、一般にスクークをどのような商品とみるかはややむずかしい問題である[23]。経済効果としては債券を意図して開発されたものであり、資金調達をする発行体の信用力に依拠して定期的にクーポンを支払う負債性証券という意味では債券そのものである一方、禁じられる利子を回避するためSPCを設立してそれとの間の事業キャッシュ・フローをクーポン相当として扱うため、債券と呼ぶのには無理があるのも頷ける。Jスクークは、既存の枠組みとして存在していた（特別）社債的受益権という考え方を適用することで、見事にこの問題をクリアしている。

次に、税制中立化策であること。非イスラム圏では当たり前だが、法制にて特定の宗教を優遇するのは一般に困難なので、イスラム金融の優遇ではなく、コンベンショナル同等物と税制面で中立なものを目指した政策（非居住者の利子所得税、登録免許税などの免除）である。

最後に、シャリア面での配慮もなされていること。吉田・岩元（2012）でも示したとおり、当局は本件の検討・実施にあたって、マレーシアのシャリア・コンサルティング会社であるZI Shariah（現地法律事務所Zaid Ibrahim & Co.の子会社）に相談しながら進めたとのことであり、（実際のシャリア適格性に関するファトワは個別の案件において各シャリア・ボードによって判断

---

23 なお、この論点の詳細については吉田（2010）を参照した。

されることになるが）シャリア面での基準もクリアされていると考えることができる。

　さて、このＪスクークにつき、上述のとおり現時点では発行実績はないが、日本の企業（や公債発行主体）にとってもＪスクーク発行のメリットは多くある。たとえば、イスラム圏における事業展開を考える日本企業にとって、スクークを発行した実績があるとの認識が現地市場で高まれば、イスラムに親和的な日本企業ということで、その事業を実施するうえでの追い風となることが期待される。また、需要面を考えると、潜在需要は大きいとみることができる。そもそも、国際イスラム投資家の債券ポートフォリオにおいて、分散投資の観点からは多様な通貨の保有が望ましい。実は円建てのスクークはごく限られたものしかないため、相当な潜在需要があると考えてよいだろう。その需給バランスを考えると、コンベンショナル債を発行するより低コストでの調達が可能となることもありえる。たしかに、発行においては資産を信託するなどの手間が発生することも事実だが、総合的なメリットを考えてＪスクークに取り組むのは採りうる戦略の一つだ。折しもこのほど、時限措置であるＪスクークの一部非課税措置が３年延長され、2019年３月までとなった。Ｊスクーク発行をパスポートとして、イスラム圏市場に深く食い込む企業が多く現れることを期待する。

第21講 取引実践が想定される分野：事業会社も含めて

　日本のイスラム金融は、本編でこれまでみたように種々の形態で発展を続けている。しかし、まだまだ成長の余地は大きい。またこれまでは主として金融機関を中心に記述してきたが、事業会社が関与する意義も大きいと考えられる。本講では、やや具体性を高めた事業を想定して、種々の企業・金融機関によるイスラム金融の実践の方向性を示すこととしたい。こうした作業を通じて、関係者の間でより具体的なイメージが共有され、少しでも日本のイスラム金融の実績の増加につながればよいと考えている。

　以下では、資金調達者、資金運用者、金融仲介業者の三つに分けて検討する。

(1) 資金調達者として

　メーカーや商社等、商品の売買を頻繁に行う業種は、イスラム金融になじみやすい。ムラバハを用いた部材調達、販売金融、トレード・ファイナンス等は、もしかしたらシャリア適格性の面以外はコンベンショナル金融ですでに利用しているサービスと変わらないかもしれない。実際、この文章を書いていて、ある商社の海外拠点にイスラム金融の説明に招聘された際の興味深い場面を思い出した。彼らは、イスラム銀行からト

レード・ファイナンスの営業トークを受け、実質的な金利の水準がそれまでのコンベンショナル金融の金利より安かったことから、イスラミック・トレード・ファイナンスにシフトすることを決めた。詳細はよくわからないまま銀行のもってくる契約書にサインし、実際に低コストでファイナンスできていたことから、スキームの詳細は気に留めずにそのままオペレーションを続けていたのである。第8講でみたような、図をもとにした筆者の包括的な説明を受け、ムラバハとは何か、なぜ自社が銀行からモノを買うことになるのか、金利相当水準が明示されていなかったがそのための計算には契約書にある数字をどう使えば算出できるか、などを初めて理解できたというのである。それだけ、イスラム金融は、実際に使ってみるとコンベンショナル金融との差があまりないということである。直接投資（工場建設等）のファイナンスやプロジェクト・ファイナンス等においても、シャリア面の事項が論争のネタになることもないではないが、おおむね同様の使い勝手と思っても間違いではない。コンベンショナル・ローンより低利となることもまれではないため、イスラム圏の拠点にて銀行の営業担当者が来たら、イスラム金融の利用可能性を問うてみる価値はあるだろう。

(2) 資金運用者として

投資家としてのイスラム金融の利用は、さほど困難な話ではないだろう。きわめて技術的な話をすれば、スクークの保有を債券投資と同じにやればいいのか、あるいは裏付取引をもつ、

やや異なるスキームであることからそれがもたらす経済的帰結を法律構成・その解釈も含めてどこまで考えればいいのか、などといった側面はある。しかし大半が非ムスリムである日系投資家にとって、投資対象のシャリア適格性はさほど気にならず、むしろその投資案件としての経済性にのみ興味があると考えられる。

　逆に、スクークの購入を意図せずとも、国際債券投資を考える際に、全体的なポートフォリオ戦略の観点から、建値通貨・プライス・格付・デュレーションなどの条件に合致する銘柄を探していたら、たまたまスクークであった、という場面に直面する可能性も十分にある。というより、そうした話を機関投資家の運用担当者より実際に聞いたことがある。

　エクイティ・ファンド、不動産投資ファンドへの投資でもそのような原理は働きうるのであろうし、たとえば社会的責任投資に似たものとしてイスラム商品への投資も考えられるかもしれない。また、第13講でもみたように、近似的に「シャリア指数の動き≒全体指数の動き−金融株指数の動き」といった図式が成立することから、指数は上がると思うが金融株は下がると思うため投資したくない場合の投資対象や金融株のヘッジ手段などにもなりうる。一定のプロファイルに基づく投資商品と位置づければ、利用価値は高まるということである。

(3) 金融仲介業者として

　金融仲介業者にとってのポテンシャルは、あらためてここに

記すまでもなく大きい。第17講でもみたように、大手銀行や証券、大手損保、いくつかの投資会社などはすでに動いている。また、イスラム金融ではファイナンス・リースを多用することから、スクークやプロジェクト・ファイナンスを含めてリース会社がいっそう活躍する余地もあるだろう。

　図表23は、事業エリアを整理して、想定されるイスラム金融ビジネスの例を図示したものである。机上で空想した直観的なものにすぎないが、多くの金融機関にとって大きな事業拡大余地が残されていることがイメージとして伝わるだろう。

図表23　日本にとってのイスラム金融事業の想定例

	国　内	海　外
リテール	・ムスリム国民が少ないため困難 ・アウトバウンドのイスラム投信等に可能性あり	・ムスリム向け市場に潜在成長力大 ・円建資産の投信・ファンド（インバウンド・クロスボーダー）
ホールセール	・機関投資家の海外資産投資 ・クロスボーダーM&A（outbound） ・円建スクーク	・日系企業の海外事業向け（設備投資、運転資金） ・イスラム機関投資家の投資 ・イスラム圏での融資案件 ・クロスボーダーM&A（inbound）

第 IV 編

実務上の諸問題：
プロフェッショナル・
サービスの活用法

第22講 法律面の取扱い方

　本講からは、やや実務的な要素の強い事項につき解説していく。まず、イスラム金融取引を実践するうえで必要になってくる契約書の類を含む、法律実務について取り上げよう。

　大原則としてふまえておくべきは、「（第4講で学んだ）シャリアは、イスラム法と呼ばれることもあるが、それ自体が法律として扱われることはなく、世俗法（われわれが一般的に法律と認識するもの）が適用される」ということである。たとえば、銀行が営むことができる業務については、各国の銀行法などイスラム金融業務を所管する法令に基づいて扱われるのであって、たとえば「シャリアでは利子を禁じているため、イスラム金融での取引において借り手は貸し手に対し利息を付して返済する必要はない」との解釈は成り立たない。むしろ、業法であれ、契約書であれ、通常の金融業務と同じように、世俗の法律に基づいて解釈されるのが一般的である。

　金融機関が営む業務の内容について国が定めた法律（いわゆる「業法」）について一般に諸外国の事例をみると、イスラム金融を特別法として扱うか、一般的な銀行法や証券関連の法に含むものとして扱うかの2種類に大別される。また、イスラム金融という言葉やその専門用語（第8、9講で説明したものなど）を含むか含まないかも、一つの重要な論点となる。大雑把

にいえば、イスラムを国教とするなどイスラム圏の諸国では、イスラム金融の特別法を設け、「イスラム」の語やアラビア語の専門用語が法令に登場するケースが多い。非イスラム圏の諸国では、イスラム金融の特別法を制定せず、特定の宗教のみを厚遇することのないよう「イスラム」の語を入れないようにして表現している、という傾向がある。たとえばマレーシアでは、「2013年イスラム金融サービス法」（Islamic Financial Services Act 2013）と法律の名称にイスラムの名が入っているのに対し、シンガポールでのイスラム金融の扱いは、銀行業務であれば銀行法（Banking Act）のなかの「特定の代替的金融業務（Prescribed Alternative Finance Business）」などによるものとなっている。

　日本におけるイスラム金融の法的扱いについては、第Ⅲ編の第19、20講にてすでに述べたとおりである。

　なお、これまではある国でのイスラム金融の業法面の扱いを念頭に置いて述べたが、本書の読者たる日本人の金融関係者が実際に金融取引を行う場合には、クロスボーダー案件に従事する場合も多いだろう。たとえば、シンガポール支店の取引としてインドネシアのプロジェクトに資金供与するような場合である。そうしたケースにおいては、当然ながら契約書が英文になることが大半である。一般論として、特殊な例を除けば、イスラム金融に関係するエリアとして、アラビア語を日常言語とする中東圏のほか、東南アジアのマレー語圏（インドネシア語を含む）、パキスタンのウルドゥー語圏、北部・西部アフリカの

フランス語圏など、関与する言語の可能性は多岐にわたる。ローカルな取引や同じ言語圏の取引を除けば、共通言語として英語が選択されるケースは非常に多いということである。

ただし、たとえば金融取引のシャリア上の解釈の正当性をめぐっては、アラビア語が優先される場合も多い。シャリア学者や金融機関のシャリア担当部署のレベルにおいて、イスラム金融機関会計・監査機構（Accounting and Auditing Organization for Islamic Financial Institutions：AAOIFI）が発行する「シャリア標準（Shari'a Standards）」が基準となって議論が展開されることも多いが、筆者の手元にある英語版（最新の2010年版）をみると、冒頭部分に「この『シャリア標準』は、アラビア語と英語の両方で出版されている。もし両者の間に差異があった場合には、アラビア語が優先される」との記述がある。

実際にリーガル・サービスを受けたい場合には、適宜、関係している法律事務所に相談してみるとよい。海外の大型案件の場合、英国系を中心とする大手法律事務所（いわゆる「マジック・サークル」であろうとなかろうと）や資金の借り手のあるイスラム圏の法律事務所であれば、よほどのことがない限りイスラム金融案件への対処が可能であろう。また日本においても、４大法律事務所と呼ばれる大手（西村あさひ、アンダーソン・毛利・友常、長島・大野・常松、森・濱田松本）であれば、イスラム金融を扱うことのできるパートナー・クラスの弁護士がいる。実際のプロダクト（貸付、プロジェクト・ファイナンス、スクーク、ファンド、不動産など）について、イスラム金融の要素

もふまえながら法的サービスを提供してくれることだろう。

　シャリアとの関連について、海外であれば、シャリア・コンサルティングを専門に行う企業もあるので、それらを利用することも選択肢となる。シャリア・コンサルティング会社は、第6講でも述べたとおり、案件組成に至るまでのシャリアに関するアドバイザリーや、ファトワの発出も代行してくれる。本書に既出の会社としてZI Shariah（第20講）があるが、同社は既述のとおり法律事務所を母体としており、世俗法とシャリアの両面からのサービスを一体として受けられる。また、シャリア学者が経営する会社（マレーシアのAmanie Advisors等）や株価指数のスクリーニング等も行う会社（英国のYasaarやクウェートのRatings Intelligence等）もあり、それぞれの強みを調べながら自社のビジネスに適したコンサルティング会社を利用するとよいだろう。

　なお、日本の金融機関がイスラム金融ビジネスに従事するうえで、いまのところ避けて通れない問題が、日本語を十分に理解するシャリア学者がいない点である。多くの取引が、日本と海外、あるいは海外同士などであり、日本語の契約書のみであった場合、なんらかのかたちで英訳するかなどの手間とコストが生じる。こればかりは、外国人が圧倒的であるシャリア学者のなかに日本語を解する人が出てくるか、日本人ムスリムでシャリアの学識のある人が金融についても処理可能な知識を身につけるか、いずれにしても時間のかかる問題である。

第23講 会計面の取扱い方

　イスラム金融として業務を行う金融機関にとって、財務諸表への記載方法、管理会計上の処理、税務上の利益認識などは不可避の問題である。とりわけ、金利の概念を回避するため複雑になりがちな取引構造を適切に処理しなければならない一方で、同等の効果を有する既存の取引との整合性の担保も考慮に入れなければならないため、特殊な配慮が必要となる場合も多い。こうした事情をふまえ、イスラム金融業界はそのための専門国際機関として「イスラム金融機関会計・監査機構」（Accounting and Auditing Organization for Islamic Financial Institutions：AAOIFI）を設立した。AAOIFIは「会計・監査・ガバナンス標準」（Accounting, Auditing & Governance Standards）という書籍を発刊してイスラム金融取引等に関する会計的諸問題等の指針を提示している。また、地域的な動きとして「アジア・オセアニア会計基準設定主体グループ」（AOSSG）は、イスラム金融に関する作業部会を設置して諸問題の解決にあたっている。

　以下では、諸外国の事例もふまえて会計関連の概要を述べる。ただし実践に際しては、いずれも税務・会計当局、監査法人等よりオーソリゼーションが必要となることはいうまでもない。

まずミクロの観点で、管理会計上の処理につき説明する[24]。一般に、ムダラバやムシャラカなどの投資系スキームを用いた出資については、コンベンショナルの出資とほぼ同様に扱うことで大きな問題はないだろう。ムラバハについては、単なるローンではなく、商品取引が絡む関係で工夫が必要となる。たとえばムラバハを用いた土地の融資のケースを考えよう。銀行は土地を取得し、その土地を顧客に転売するので、一般的にはその土地に係る売掛金が発生すると考えるのが妥当である。AAOIFIの基準では、転売前は「Assets available for Sales」との勘定に、転売後はムラバハに係る売掛金として処理することが示されている[25]。イジャラ関連スキームについては、ファイナンス・リース相当であればそれに準じた扱いをすることで適切な処理となるだろう。

　次に、銀行の財務諸表について概観する。総論的な会計基準は、一般論としていえば、国際的な状況もふまえつつも各国の国内基準に従うこととなるため、国によってまちまちとなる[26]。そうしたなかで、イスラム金融（コンベンショナル銀行におけ

24　ここでは、実務的な解説という本書の目的にかんがみ、特徴的な部分だけをかいつまんで概説したが、イスラムの理念や会計の要素等を重視したより学術的な側面に興味があれば、たとえばRahman（2010）等の専門書を参照されたい。なお、ここで述べたムラバハの説明は、同書第8章による部分もある。
25　AAOIFIの会計基準「FAS2：Murabaha and Murabaha to the Purchase Orderer」を参照した。
26　上述のAOSSGのイスラム金融に関する作業部会は、31カ国における財務報告の実態を調査し報告書を公表している（AOSSG［2015］）。

るイスラム金融業務を含む）に固有の主な特徴点としては、①ムラバハ融資における対象資産の計上、②スクークの債券的性質の扱い、③一種の宗教税に相当するザカートの支払に相当する部分の最終利益からの控除があげられるだろう。①ムラバハ融資における対象資産は、上述の議論とも関係するが、売掛金として資産に計上される。コンベンショナル融資であれば貸付金となるが、ムラバハ融資の場合には売掛金となる点が大きな違いとなる。次に②スクークの債券的性質の扱いについてはやや厄介だ。多くの国に主流のプラクティスとしては、債券と同等にとらえる流れがあるが、一方でスクークのもつエクイティ性（投資家はSPCの行う事業の持分としてスクークを保有）という観点からの議論がなされることもある。また、配当（クーポンに相当するもの）について（後述の税務上の利益の扱いは別として）エクイティ性のものなのか、クーポンと同様にとらえてよいものなのかは種々の立場によって議論が分かれるところである。なお、たとえば自社がスクークを発行する際に、裏付スキームとして広範に用いられるイジャラにより自社の資産をSPCに譲渡するような場合には、資産売却の整理をすべきであろう。上記の「債券と同等にとらえる」との記述は、あくまで債券取引の部分に関する認識であり、キャッシュ・フローの創出のために組成したSPCスキームに関するものはそれそのものとして会計認識されるべきと考えられる。この考え方に基づき、第20講で述べた日本版スクークの会計処理に関する試論を吉田・岩元（2012）にて展開している[27]ので、興味のある読者は参照された

い。

　最後に、税務上の利益認識について簡潔に述べる。一連の流れをふまえ、ムラバハ取引における商品売買差益（＝金利相当分）を取り上げよう。和文文献では、ムラバハについて「実質的には利子に相当する利益を資産売却益として計上することが重要なポイントになる。これを経済的実質にあわせて利子として報告しては、深刻な宗教上の問題が生じる」といった指摘[28]がみられることもあるが、現代的な税務のプラクティスとしては利子と同等のものと扱うのが一般的である。たとえばマレーシアの所得税法では、総論的な考え方を示した第2条において「本法において、シャリアの原理に基づく取引において利子の代替として発生した利潤・利益・費用は、適宜の修正もふまえつつ、利子として適用される」と明示されている。

　いずれにせよ、わが国において、あるいはわが国金融機関の連結対象等となる海外子会社が、イスラム金融の実際の取引に従事する事例が少ないこともあって、イスラム金融の会計処理については制度的に未成熟な段階である。今後、日系金融機関の関与と実績の高まりのなかでこうした点についても次第に議論が積み重ねられることだろう。その意味で、国の機関である税務大学校の学術誌『税大論叢』にイスラム債に関する資料[29]

27　共著者である岩元氏は公認会計士であるため、専門的な理解に基づく試論ととらえてよい。
28　武藤（2005）を引いた太田（2007）による。
29　上田（2012）。

第Ⅳ編　実務上の諸問題：プロフェッショナル・サービスの活用法

が掲載されたり、公認会計士の団体である国際税務文科会でイスラム金融の会計に関する検討がなされたりすることは知見の蓄積に資する動きといえる。

　実務的には、各国の状況によっても異なるほか、イスラム金融自体の成長が著しいこともあってそれに対応する会計・税務面での変化も速いことから、専門家である会計事務所に相談するのが最適だろう。世界の４大会計事務所（KPMG、PwC、EY、Deloitte）は、グローバルにみればいずれもイスラム金融をフォローする体制を整えている。

コラム⑨

現場を覗く①：リテール銀行の窓口

　「こんにちは。イスラム口座を開設したいのですが」
　A国郊外にある、サデワ銀行の支店。そこではイスラム金融のみを扱っており、預金口座も当然イスラム式。ムスリマ（女性のイスラム教徒）であるロハニさん（44）は、生まれて初めて銀行口座を開設する。
　「ここはイスラム銀行なので、利息はつきませんね」。ロハニさんは念押しした。敬虔な彼女は、クルアーンの禁じる利息の受取りは断じて避けたいと思っている。窓口担当者は応える。「もちろん、つきません。ただし、預けていただいたお金をもとに、当行がイスラム金融で貸付などを行いますので、その配当があります。ここ１年の分配率は、この表のとおりです」
　ロハニさんがみた表には、１カ月ごとの分配率が１年分にわたって示されていた。月によって若干差はあるが、おおむね安定している。ロハニさんは納得して、手続を続ける。窓口担当

者は「このような預金は、シャリアの有識者の確認のもとに皆様に提供しています。こちらがそのお墨付きのサインなので、ご覧ください。それでは、こちらの書類に記入をお願いします。身分証明書の呈示もお願いします」

　手続書類には、利益の分配に関する事項が含まれている。銀行の儲けのうち、50％が銀行に残り、50％がロハニさんをはじめとする預金者に分配されるというものである。ただし、一定期間の利益を一定期間の計算式により平準化し、月々の配当のブレが小さくなるように工夫されている。ロハニさんは納得してサインをし、窓口を後にした。

　その後ロハニさんは、勤務先であるソフトウェア販売会社に対し、給与振込みの申請をした。つくったばかりのサデワ銀行の口座に振り込まれるようにしたのだ。銀行から受け取っていたキャッシュ・カードをみながら口座番号を書類に記入し、手続を終えた。

　1カ月後、大きなショッピング・センターにあるサデワ銀行のATMで、ロハニさんは初めてキャッシュ・カードで現金を下ろした。いまでは、英国へ留学中の息子への仕送りもインターネット・バンキングで難なく行っている。
（以上は、仮想のケース）

第24講 人材育成：日本での学び方、専門人材の育成法

　本書の読者の属性は多様であると考えられる。銀行員もおられるだろうし、それ以外の金融業務に従事されている方もあるだろう。さまざまな分野の学術研究者や、とりあえず卒業論文のテーマと考える学生、また新聞等で目にするので気になってという教養目的の高齢者、あるいは為替トレードの参考になると考えたミセス・ワタナベ（個人投資家）もあるかもしれない。本書のコンセプトは、繰り返し述べているように、一般的な金融関係者向けにイスラム金融の実務的側面を中心に解説するというものであり、時には金融面で技術的すぎる記述（専門用語など）に直面した読者もあるだろう。また、たとえばイスラム世界の学術研究者が読まれた場合には、宗教面や地域事情の点で、正確性に欠く記述となっている部分があることも否めない。あらゆる分野に関する詳細な解説や、あらゆるイスラム世界の実情に照らして正確な書き振りとすることは、ビジネス書としての性格になじまず与えられた紙幅に収めることは不可能であるうえ、筆者の才覚を超越した過大な要求である。そうしたニーズにも応えるため、日本にいながらにして（＝現地への留学や勤務を前提としないで）、より広範にイスラム金融を学ぶ手段を紹介しておきたい。

　まず、英語によるコミュニケーションが可能であれば、次の

2点を薦める。第一に、マレーシアにあるイスラム金融の専門大学であるInternational Centre for Education in Islamic Finance（INCEIF：国際イスラム金融大学）のオンライン・コースの受講である。第一線の講師陣による講義を、インターネットを活用して日本にて学ぶことができ、CIFP（Chartered Islamic Finance Professional）の免状を取得することもできる。すでに何名かの日本人が修了しているが、なかでも（公財）国際通貨研究所の渡辺喜宏専務理事のインタビューが同大学のウェブサイトに掲載されている[30]ので、興味があればそれを参照すると実感が湧きやすい。第二に、英国のCISI（Chartered Institute for Securities and Investment）による、イスラム金融検定資格（IFQ）をあげておく。いうなれば、日本の証券アナリスト（CMA®）のような民間資格である。オンラインでその資格試験を受講することができるが、専門テキストも販売されているので購入して学習すると合格しやすいだろう。すでに何人かの日本人合格者もいる。こちらも、在英日本人証券マンである木野勇人氏のコラム[31]に合格体験記があるので、それを読めばイメージしやすい。

　なお、この文脈において、日本経済新聞の2012年10月23日付の記事「イスラム金融　広がる舞台──日本の金融マン　中東やマレーシアへ」に刺激を受ける読者は多いと思う。東京海上

30　http://www.inceif.org/news/islamic-finance-is-for-all/
31　NNA「ロンドン発　ただいまイスラム金融と格闘中！」http://news.nna.jp/free_eu/feature/080328_gbp/

ホールディングス、みずほコーポレート銀行（当時）、三菱東京UFJ銀行の中堅職員がイスラム金融の知識を着実に身につけ、ビジネスに活かしているようすが描かれている。

　上記2点以外にもイスラム金融に関する資格を提供する機関はあるので、図表24に記載する（既述のINCEIFとIFQは除いている）。

　書籍について、英語で書かれた基本テキストとしては、良質のものが数多く出版されている。実務的関心をもつ初学者向けには、スキームについて実務的観点からわかりやすく解説した、ユーロマネー・ブックスによる「Structuring Islamic Finance Transactions」がよいだろう。日本語の書籍については、京都大学でイスラム金融を研究する長岡准教授の個人ウェ

図表24　イスラム金融に関する資格を取得できる主な機関

機　　関	資　　格
BaFin - Conference on Islamic Finance	Certified Qualification in Islamic Finance
Ethica Institute of Islamic Finance	Certified Islamic Finance Executive
Australian Centre for Islamic Financial Studies	International Certified Islamic Finance Practitioner
Financial Planning Association of Malaysia	Islamic Financial Planner
Chartered Institute of Management Accountants	Diploma and Advanced Diploma in Islamic Finace

（出所）　Kamso（2013）に加筆・修正

ブサイトに文献案内があるので、それが参考となる[32]。幸か不幸か、本書を考慮の対象から除けば、2000年代後半のイスラム金融ブーム以降は良書が発刊されていないので、その文献案内の記述内容はいまでも当てはまる。なお、その長岡准教授による初期研究の集大成『現代イスラーム金融論』（名古屋大学出版会、2011年）は、難解であるが示唆に富むものであるため金融関係者にとっても参考になるだろう。大学院生や学術研究者にとっては、同書を読みこなせないようであればイスラム金融の本質を理解することはできないので、その試金石としてチャレンジしてみるのもよい。

他方、最近のものも含めて日本語資料のなかには誤りを多く含むものも少なくないので注意が必要である。インターネットの発展により情報収集の効率性は格段に増した一方で、現実を知らずにそのウェブ上の情報のみに依拠した書籍やレポートを目にすることはしばしばである。国内における出版不況という状況のなか、原典を明記しない"借用"に基づく記述の多い書籍もある。

ただし、金融ビジネスの現場において金融一般の基礎知識や実務能力がモノをいうことはいうまでもない。イスラム金融の表面的な知識だけでは、よいイスラミック・バンカーとはならないことを、人材育成の講の最後に付言しておく。

---

[32] 「日本語で書かれたイスラーム金融文献案内」http://homepage3.nifty.com/~nasafas/officialweb/introduction.html

第25講 金融機関経営：リスク管理、規制対応、各種システム

　イスラム金融を事業として実践する際、法律や会計等の面での業務支援体制の確立も重要であるが、金融機関のビジネスの一環として行ううえでは、金融機関としてのリスク管理や、バーゼル規制等との兼ね合い、また決済システム等の面でのインフラ整備も必要である。これらの事項については、とても本書のような入門書で全貌を語り尽くせるようなものではないが、事業を進める際の糸口として概要を記しておく。

(1) リスク管理

　銀行が一般に直面するリスクとして、市場リスク、信用リスク、流動性リスクを考える。IFSBによるリスク管理に関する基準（IFSB-1)[33]では、イスラム銀行が有するリスクを、信用リスク、株式投資リスク、市場リスク、流動性リスク、金利リスク、オペレーショナル・リスクに分けて論じているが、株式投資リスクと金利リスクは市場リスクに包含して考慮することができ、オペレーショナル・リスクについては金融リスクとは

---

[33] IFSB (2005) 参照。なお、本文中の「IFSB-1」とは基準番号を表すが、機関の設立後に最も迅速な対応が必要と考えられたのがリスク管理とみてよいだろう。ちなみに、執筆時点においてはIFSB-17まで発出されている。全文も含めて、IFSBのウェブサイトで参照可能である。

異なる性質であるためここでは割愛する。

　市場リスクについては、直面するリスクにコンベンショナル銀行との差はないと考えられるが、一方でそのヘッジ手段としてのデリバティブの利用にはその品揃え・流動性・コストの面でイスラム金融には難点が残る。イスラム金融のデリバティブについては第14講で述べたとおりだが、一般的に用いられているとは言いがたいし、そもそも「デリバティブはイスラム金融では認められていない」との誤った考え方もイスラム金融業界の内外に根強く残っている。また、株式投資に関しても、投資の対価として得られる利潤・配当の類を保証したり事前に確定したりする行為はシャリアの観点で回避されるので、この点に関するデリバティブの類の利用には限界がある。このため、ヘッジ手段の不足・限界は大きな課題といえる。

　信用リスクについても、ほぼ同様である。リスク自体は、おおむねイスラム金融とコンベンショナル金融との間に差はないと考えてよい一方で、ヘッジ手段の不足は課題として残る。事業の保険についてはタカフルの利用が可能な部分もある一方で、クレジット・デリバティブの類（CDS［クレジット・デフォルト・スワップ］など）の適用は限定的である。流動性リスクについては、リスク自体がコンベンショナル金融に比べて高い。流動性の量的側面はコンベンショナル金融に比べて圧倒的に少ないうえ、なんらかの外的ショックに対して十分なほどの流動性がイスラム金融の市場（たとえば銀行間取引市場）にあるとはとてもいえない。このためイスラム金融業界は、国際機関

の設置(International Islamic Liquidity Management Corporation。スクーク発行による流動性向上への貢献等を展望)や取引プラットフォームの創設(マレーシアのBursa Suq Al-Sila'。商品市場取引へのアクセスを容易にし商品取引を伴うシャリア適格な資金調達が可能)などにより改善を進めているが、コンベンショナル金融と同程度と呼ぶにはいっそうの努力が必要な状況にある。

加えて、シャリア遵守面でのリスクについても留意しておくべきである。とりわけ、シャリア適格として認めた投資案件がその後シャリア適格でなくなるリスクについては、イスラム投資家が懸念する部分であり、そのための専門サービス(いわゆる「シャリア・オーディット」)を行う企業も存在する。

(2) 規制対応

日本国内にイスラム金融取引の需要はあまりないなかで、国外がイスラム金融ビジネスの主な土俵になるとみられるため、バーゼル規制(に基づく各国国内規制)の動向は多くの関係者が気にするところだろう。イスラム金融に固有の部分に関して日本での規制体系が近々修正される可能性は低いと考えられるほか、イスラム金融がバランスシートの多くを占める日系銀行の誕生も考えにくい一方で、国際規制の変更はイスラム金融に限らない国際金融ビジネスのさまざまな面で金融機関・金融市場に修正を迫る。

バーゼルⅢの要点として、自己資本参入基準の変更と流動性比率規制の強化があげられる。とりわけ前者は、イスラム金融

図表25 バーゼルⅢのもとでのイスラム資本市場商品に関する
　　　 IFSBのガイドライン

	バーゼルⅢ	IFSB
コアTier 1 (CET 1)	普通株式	普通株式
その他Tier 1	優先株式 ハイブリッド証券	優先株式 ムシャラカ・スクーク
Tier 2	劣後債 劣後ローン	ムダラバ・スクーク ワカラ・スクーク

(出所) 野村資本市場研究所

業界にとっての影響が大きいと考えられる。イスラム金融において、教義上、デット取引よりもエクイティ取引のほうが望ましいとされる[34]なかにあって、種々のスキームによるイスラミック資本市場商品に関するバーゼルⅢのもとでは、IFSBによるガイドライン[35]上では図表25のとおりとなっている。こうした規制変更により、スクーク発行においてより高いティアの形態での発行が、中東やマレーシア等で増加している。

(3) 各種システム（取引決済・管理）

かつて「金融業のIT産業化」という書籍が出版され、近年ではフィンテックとの語が流行しているように、金融機関に

---

34 長岡（2011）はこのことを「ムダーラバ・コンセンサス」と呼んでいる。
35 IFSBによる自己資本比率規制に関するガイドライン（IFSB-15）参照（IFSB［2013］）。

とって情報技術の利用は不可避の問題である。とりわけイスラム金融においては、金利回避のため資金や商品の取引を複雑化するため（例：コモディティ・ムラバハにおける商品売買）、システム利用の巧拙が競争力のカギを握る可能性もある。

コンベンショナル銀行業務に利用されるシステムで対応可能な場合も多い。シティバンクはフィデリティのSystematicsというシステムをイスラム金融業務にも用いている。その他、Tata Consultancy ServicesのBancs、InfosysのFinacle、Path SolutionsのiMalなど、多くのシステムが利用可能であるため、既存のシステムの利用可能性や既存業務との相性等も勘案しつつプロダクトを決定することとなろう。

コラム⑩

現場を覗く②：シャリア・ボードの会合

アブドゥッラー・シャリア業務部長「それでは、ABCイスラム銀行の第X回シャリア・ボード会合を開催します。本日の議題は、リテール営業部が開発した新たな預金取引についてです。事前に資料をお配りしていますが、これは、以前皆さんにご議論いただき、修正すべきとの指摘をいただいた部分があったため、再度お諮りするものです。リテール営業部の修正案につき、ご意見はありますでしょうか」

ムハンマド・ダウド師（シャリア学者）「先日私が指摘した、投資性預金なのに元本が保証されている点のシャリア不適格性は、どのように解決されているのかね？」

オスマン・リテール営業部商品開発課長「ご指摘の点について

は、元本保証であることをそのまま「Capital guaranteed」と明記したことが問題でした。本件はムダラバ預金なので原理としては元本割れもありうるのですが、当行の業績が伸び続けており利益均等化準備金も膨れ上がっていることから、理論的に考えれば業績不調になっても準備金からの補てんにより元本割れにならない状態が続くと計算されました。万が一、元本割れとなるような事態になれば、親会社であるABC銀行からの一時的なカルド・ハサン借入をすることを約款にも明記しているので、顧客にとっては損失が生じないようになっています。他行の例もあるので、Capital protectedと表現することでどうかと考えています」

ムハンマド・ダウド師（シャリア学者）「わかった。それであればよいだろう」

シャリフ・サイド師（シャリア学者）「ムハンマド師はUAE出身でハンバル学派の考え方によるご指摘だが、他の学派の考え方としても問題ないと思う。どうだね、ハッサン？」

ハッサン・イブラヒム師（シャリア学者）「私はもともと、当初の案でも賛成していた。修正案に反対はないよ。シャフィイー学派は、金融取引の形式よりも実態を重んじる傾向があるので、投資性預金としての機能を実質として備えているなら元本保証の書き振りについては目くじらを立てる必要はないと思っていた」

アブドゥッラー・シャリア業務部長「それでは、皆さんにご賛同いただいたということで、これからファトワの原本を回覧しますのでご署名をお願いします」

（以上は、仮想のケース）

第 V 編

意義と展望：
「事業本位の金融」が
つくる国際金融秩序

第26講 イスラム金融の望む理念：事業を成長させる金融

　ここまで読み進められた読者のなかには、本書の端々で「イスラム金融といっても、金融の枠組みはさほど特殊ではないのではないか」とか「経済に関するイスラムのとらえ方は、イスラムに限ったものではなく、日本人（あるいは非イスラム圏諸国の人々）にも共通するものなのではないか」ということを薄々感じられた方も多いのではなかろうか。

　たしかに「イスラム金融」というと、文化・思想の面で、一般的な日本人のもつものからかなりかけ離れた印象を与えるのは紛れもない事実である。さらに、その最大の特徴ではあるが実は本質ではない「利子禁止」についても、金融そのものを否定しかねない大きなメッセージを暗に呼びかける。

　ところが、利子禁止の背後にある商業や投資を奨励する考え方を学べば、第3講でも簡潔に述べたとおり、利子禁止は金融資本を経済社会のために最大限活性化させようとする前提のルールであることが理解できる。すなわち、金融取引が発生するのであれば、そこに商業や投資のかたちで実業の活性化につながるようにすることを義務づけたもの、ということである。また、事業においては労働の投入を前提としているが、それは汗水たらす労働を美徳とする日本人にも通じるところがある。これは単なる偶然ではなく、多くの文明社会で多かれ少なかれ

共有される価値観といえるだろう。投資、すなわちエクイティ性の資金供与を奨励する態度についても、資金をもつ者が、労働を投入でき事業の才覚がある者にその資金を提供し、その事業で儲かったらその利得を分配するが、事業で損失を出した場合にはそれでよしとするのを潔いとみる考え方であり、そのほうが金融取引としてむしろ公平であるとの見方には一定の説得力がある。

こうした観点で、イスラム金融をその実態や理念の特徴的な側面をもとに表現すれば「事業本位の金融」と呼ぶことができるだろう。その行きつくところは、イスラム金融が最も理想とする契約形態としてのムシャラカである[36]。上述のとおり、才覚のある事業家が行う事業に対し、資金のある者が出資性資金を提供し、その資金の損益はその事業家の行う事業の結果と一蓮托生という意味で、まさに事業参加型の金融そのものである。

その対極にあるのは、事業を無視した金融、いわゆるマネー・ゲームの類と考えるといっそう理解しやすいだろう。筆者としては、長く国際金融市場を観察してきた経験から、実需取引を前提としない金融があることも当たり前のように受け入れていたが、イスラム金融の理解を進めるにつれ事業を重視し

---

[36] かつてマレーシアのメイバンクの副会長やイスラム金融専門大学INCEIFのCEOを務めたアギル・ナット氏は、2007年、筆者に対して「ベンチャー・キャピタルこそ真のイスラム金融だ」と述べたことがある（吉田［2008］151ページ参照）。これを基本スキームに置き換えて表現すればムシャラカと解することができる。

た金融の価値を再発見することができたように思う。

　それらの中間点にあるのが、デット系のイスラム金融取引と考えることができる。デット系取引の本質は、定められた期限に元本の返済が義務づけられている点である。第8講でみたムラバハ契約などに基づく融資などは、コンベンショナル・ローンの経済的機能を実現すべく開発すべきものであり、金融取引の現場では頻繁に用いられている。ただし、このようなデット性取引偏重の現状については、イスラム圏の内側からの批判があることも事実である。曰く「イスラム金融はコンベンショナル金融の擬製（mimic）にすぎない」（マフムード・エル＝ガマール教授）、「イスラム金融商品はシャリア転換技術（*Shariah Conversion Technology*）の産物」（シャリア学者のユスフ・タラル・デ・ロレンツォ師）、「イスラム金融では、商品設計と教義目的との間にミスマッチがある」（ズバイル・ハサン）等々。次講で言及するような、イスラム金融が理想とするエクイティ主導の金融システムの確立には、まだまだ遠い道のりがあるのが現実である。

　ただ、たとえばイスラミック・プロジェクト・ファイナンスのように、ノン・リコース／リミテッド・リコースの金融取引は、デット系取引ではありそのキャッシュ・フローは損益の公平な分担とはなりにくいが、プロジェクトの成否のリスクをレンダー側も負担しているという意味においては損益分担の側面を有しており、もう少しイスラム金融の学術研究の文脈で評価されてよいことだろうと感じている。

イスラム圏の内側からの批判にはもう一つの重要な主流がある。イスラム金融は、商業的には成功しているが、貧困削減や社会福祉の充実などの教義的側面を忘れているのではないか、という問いかけである。住宅ローンや自動車ローンを組める中間層よりも、明日の食いぶちを心配しなければならない貧困層にこそ資金が供給されるべきとの見方である[37]。そうしたなかで、イスラム開発銀行付設の研究機関であるIRTI（Islamic Research and Training Institute）は、「Islamic Social Finance Report」という、上述の社会性を考慮したイスラム金融の状況に関する報告書をまとめており、一定の進展とみることができる。

　このような文脈のもとで、「目的はシャリアの精神に合致した金融だが、取引構造として利子を伴う金融」をどうみるかは、イスラム金融をめぐるパズルともいうべき命題である。とはいえ、いたずらな批判に耳を傾けるよりも、コンベンショナル金融や大型金融機関の存在・進展等を認識しそれらを活用しながら、いかにしてシャリアが理想とする金融システムに近づけていくか、というのが現実的なとらえ方だと筆者は考えている。

　その意味で、筆者がしばしば繰り返す、イスラム金融を理解するためにはコンベンショナル金融の知識が必要、という命題は、実践に直面する政策担当者や実務家のみならず、イスラム金融を論じる学者にも当てはまることだといえるだろう。

---

[37] なお、コラム7にて述べたNoor Islamic Bankが銀行名からIslamicを落としたニュースが報じられた際、SNSにて「もともと、イスラミックな銀行なんてどこにもないじゃないか」との指摘があった。

第27講 油価下落・金融危機とイスラム金融の将来展望

　本講では、いまや国際金融市場の最大の攪乱要因となった感のある原油価格動向[38]や2008年のリーマン・ショックを契機とする世界金融危機などの国際金融環境と、イスラム金融の世界市場の動向について簡単に論じる。原油価格とイスラム金融市場の成長の関係については第4講でも概観したとおりである。イスラム金融市場の拡大の理由は、ペトロダラーが大きく影響した分野もあることは否定しないが、それだけではない。原油価格は2014年半ば以降にも大幅に下落しているが、イスラム金融の拡大基調は続いている。以前よりも多様な地域や商品を巻き込みながら、安定的な成長が続いているのが現状である。

　一方で、イスラム金融はコンベンショナル金融に比べて歴史が浅いため、市場規模としても十分ではないほか制度的に未成熟な部分もあり、世界金融危機のような外的ショックについては耐性が低い部分もある。こうした見方については、イスラムの内側の世界から真逆の論調が示されていることもあり、本講で取り上げて論じたい。

　彼らは、「イスラム金融はコンベンショナル金融よりも金融危機への抵抗力が強い。投機的取引がなく、実物取引をベース

---

[38] その近年の推移については図表1参照。

としている」と主張する。代表例は、イスラム経済学者のウマル・チャプラである[39]。彼らの主張は、理念や理論、あるいは個々の取引としては正しい部分も多い。実際、投機的取引は回避されるものであるため、金融危機の発端となったサブプライム証券化商品などへの投資は行われなかった[40]。

しかし、金融システムとしての課題は多い。イスラム金融市場が規模として十分育っていないための流動性不足や資本不足、（利子回避による）短期金融市場へのアクセス不足による流動性リスクの高さ（資金がほしいときに調達できない）などをふまえると、むしろイスラム金融のほうが金融危機への抵抗力は低いとみるべきだろう。実際に、金融危機の前後で、投資ファンド、スクーク、シンジケート・ローンなどの取引規模は著し

---

39 Chapra（2008、2009）など。また、日本経済新聞におけるチャプラのインタビュー記事「イスラム金融　危機に活用を」（2009年3月12日付）も参照。チャプラは、現在、イスラム開発銀行グループのIslamic Research and Training Institute（IRTI）のリサーチ・アドバイザーを務めるイスラム金融経済研究の権威である。誤解を避けるため付言しておくと、筆者はチャプラを敬愛しており、2009年に同氏が来日した際には、京都大学で開催された研究会にて熱い議論を交わしたり、東京にてご夫人も含めて会食したりしている。そうした私的な側面と、学術的な主張はまったく独立に扱うのが、言論者としての健全な姿だと思う。

40 なお、週刊エコノミスト2013年10月22日号の「宗教と経済」特集のなかでは、イスラム金融が「金融の暴走を止める仕組みを内包」と評されているが、その根拠が示されていない。また、2014年11月15日付のテレビ東京「池上彰の経済教室」も、イスラム金融では商取引を伴うことをもって「バブルを引き起こさない金融」と評価しているが、イスラム金融でも同様にバブルは起こりやすい（そしてそもそも、イスラム金融の典型例の説明も誤っている）。これらは、金融危機後に数多発せられたムスリム学者の論調を、中身について考えることなく単に模倣した情報発信の例の一つである。

く減少したほか、スクークではデフォルトする事例もみられた。国際機関や金融当局も、流動性リスクの軽減のためIILM（国際イスラム流動性管理公社）を設立したほか、イスラム金融システムの安定性を実証的にチェックするレポート類を出したりした[41]。このように、イスラム金融業界としては、世界金融危機で浮き彫りになった業界の諸課題を着実にとらえ、いたずらな理念的期待に安住することなく、実務的・政策的な改善に向けた取組みを実施しているのである。

一方で、奇妙な邂逅とも呼べるのだが、世界金融危機の反省としてデット偏重の金融システムではなくエクイティの割合を増やすべきとの論調が、コンベンショナル金融の世界からみられている。それも、ハーバード大学教授でありIMF（国際通貨基金）のチーフ・エコノミストも務めた経済学者ケネス・ロゴフによる主張である[42]。第7講でも述べたとおり、イスラム金融はエクイティ性取引をデット性取引に比べて選好する。筆者としては、従来、こうしたイスラム金融の考え方について、理念や思考実験のレベルでは興味深いと思っても、現実の世界に適用する際には不可能だと考えていた。コンベンショナル金融システムにおいてデット性取引が圧倒的優位を誇っているからである。イスラム金融のエクイティ選好は、ミクロ的理想とし

---

[41] IFSB et al.（2010）、Mohieldin（2012）など。またIFSBは、2013年以降、イスラム金融業界の安定性レポート（Islamic Financial Services Industry Stability Report）を毎年出すようになった。

[42] Rogoff（2011a）、Rogoff（2011b）など。

ては説得的な面もあるがマクロ・システムに適用するのは過度な一般化であり単純すぎると思っていたのである。

しかし、金融危機をきっかけとした金融システムの安定性に関する理論的発展が今後も進み、仮に、政策当局の主導もあってエクイティ性取引のウェイトが高まるようなことがあれば、シャリアが望ましいとするエクイティ性のイスラム金融取引が格段に増えることも十分に考えられるだろう。

以上を含めた筆者の考えは、2008年2月25日に開催された日本経済新聞社主催のイスラム金融シンポジウムにおける日本銀行の福井総裁（当時）による開会講演に集約されている。やや長いが、要点となる個所を引用して本講を終える。

「これまでのところ、イスラム金融の取引の多くは、利子をとらないといったイスラムの価値観に従いつつ、最新の金融技術を利用して既存の金融と同じ機能を果たすことができるというものです。今後は、イスラムの価値観を活かして、既存の金融取引では実現できなかった金融機能を果たし、より効率的な資源配分につなげていくことを期待したいと思います。（中略）社会経済の公正・公平性、協同で事業にかかわることを重視するイスラムの倫理観のもと、マイクロファイナンスの発展が期待されています。（中略）イスラム金融がもたらす多様性は、金融市場や金融システムの安定という観点からも重要です。一般的に、多様性が高まることは、一様な市場参加者や取引形態だけの場合と比べて、ストレス時における金融市場や金融システムの頑健性を高めると考えられます」

第28講 イスラム金融で国際競争力向上を

　わが国金融業の国際化の必要性が叫ばれて久しい。また近年では、日本の人口が減少局面に入ったため、国内需要の頭打ち・縮小を見据えて、金融業であれ事業法人であれ、海外市場に活路を模索する企業は多い。業種や企業による違いはあろうが、やや大げさにいえば、海外戦略は日本の産業の生き残りをかけた重要な要素となっている。筆者がシンガポールに滞在していた2000年代半ば、総合商社や金融機関がアジアビジネスの意思決定の迅速化を企図してシンガポールに役員や本部機能の一部を移管する動きが目立った。こうした動きをみて、日本企業にとっての海外戦略が死活問題となっていることを肌で感じていた。

　こうしたなかで世界人口の宗教分布をみると、2050年にはムスリムがその29.7％を占め、31.4％のキリスト教徒に肉薄するという[43]。そして、そのまま行けば2070年には同数となり、2100年には世界最大数の信仰ということになる。そのような遠い将来をみなくとも、現在でもムスリム人口は世界の4分の1に達しており、東南アジア、南アジア、中東・アフリカ、中央アジアなど、日本企業がすでに多く進出したり、投資先として

---

[43] Pew Research Center（2015）による推計。

注目されていたりする地域に多くムスリムがいることをふまえると、金融機関を含む日系企業が開拓を企図した市場に巨大なムスリム市場があったというようなことは、決して珍しいことではない。

　また、ムスリムの多い新興国での経済発展・所得向上に伴いイスラム圏からの訪日観光客数が増えており、ハラル産業への注目も高まっている。さらに、日本企業がグローバルな視座をもって戦略的に資金調達する割合が高まれば、イスラム投資家からの資金調達を考えることも十分に想定される。グローバル化の進展は、日本企業のイスラムとの接点を好むと好まざるとにかかわらず多くするのである。

　このため、イスラム金融は、海外事業の割合を高める日本企業や、海外でビジネスやおカネと接する可能性のある日本人にとって、必須の知識となってくるだろう。

　換言すれば、イスラム金融の理解なしには、グローバル市場での競争力を損ねるリスクさえあるのである。筆者が英国系銀行のバンカーから聞いた話としては、「日本の銀行はイスラム金融を提供できないと聞く。一方、湾岸諸国の銀行業界では、顧客の要望に応じて、コンベンショナル金融、イスラム金融、その両方など、いかようにも対応できなければいけない。このため、湾岸諸国のシンジケーション・ビジネスでは、日本の銀行にあえて声をかけないこともある」とのことである。すなわち、イスラム金融を提供できないと考えられていたために、コンベンショナル金融のビジネス案件をも失ってしまっていると

いうことだ。

　こうした状況は、第19講で述べた制度対応もあって格段に改善したが、日系金融機関としては、イスラム金融に対応可能であることをより声高に訴えたほうがよいだろう。その意味で、野村證券グループがスクークを発行したような例には、もっと多くの機関が倣っていいように思う。

　また、第17講で述べた日系金融機関の実績のうち、投資会社が果たす役割には大きなものがあると考えている。たとえば、日本のSBIホールディングスがブルネイ財務省と共同で設立したイスラミック・プライベート・エクイティ・ファンドであるSBI Islamic Fundは、インドネシアの物流企業パンドゥ・シウィ・セントーサ社やシンガポールのITコンサルティング企業であるStore Apple Solutions等に出資している。そして後者については、その後日立グループへの売却をする格好でエグジット（投資完了）した。この事例は、日系投資会社による、小規模だがポテンシャルのある企業への投資実行ならびに企業価値の向上によりそれを収益性のある企業に成長させたところで、それを日本企業が買収し海外事業戦略の一端として活用しているという意味で、日本の産業競争力に貢献したものと評価することができる。また、マレーシアの政府系投資会社と共同でイスラミック・プライベート・エクイティ・ファンドを設立したインスパイアの事例も、多くの地方銀行の参画を実現させている点で大きな意義のあるものである。地方銀行が本件に参画した背景には、顧客である各地方の企業が海外事業を行うう

えで、同ファンドの投資先企業等の活用を見込んだことがある。本案件においてインスパイアは、各地方の企業等による現地での事業展開のコンサルティングやアレンジ等を行う支援会社として、マレーシアにリスパイア社を設立した。この点をふまえると、本投資スキームの全体像として、インスパイア社を核にいくつもの地方銀行を含めた投資ファンドにより、日本の各地方にある企業が海外で活躍する媒介機能を果たすものであることがわかる。この二つの事例は、大手銀行のように積極的なメディア対応をしていないため目立つわけではないが、日本企業のグローバル・ビジネスの仲介役として重要な意義をもっており、それを最大化するための一手段としてイスラム金融を活用していることはおおいに注目されるべきである。

　世界経済の第一線をみても、イスラム金融への取組みを積極化させており、日本の金融機関にとってのイスラム金融ビジネスの土壌がいっそう固まっているとみてよい。2015年9月のG20財務相・中央銀行総裁会議では、国際機関よりイスラム金融の利用の必要性が示された[44]。そうした国際機関の状況をみると、IMF（国際通貨基金）は、イスラム金融に積極的なクリスティーヌ・ラガルド専務理事のもと、ワーキング・グループを設立したり、ウェブサイトにてイスラム金融に特化したコーナーを設けたりしている。世界銀行も、近年、イスラム金融の

---

[44] IMFと世銀が共同で「イスラム金融のグローバル金融への統合」という報告書を、世銀とイスラム開発銀行が「中小企業のためのイスラム金融の活用」という報告書をそれぞれ発表。

専門の課を設立したほか、2014年12月と2015年9月には、同行が管理するIFFIm（予防接種のための国際金融ファシリティ）がスクークを発行している。何かと話題になるAIIB（アジアインフラ投資銀行）も、加盟国にはイスラム圏諸国も少なくないことから、イスラム金融を最大限活用するものとみられている。要するに、世界経済の第一線を担う政府要人や国際機関は皆、グローバル金融の文脈のなかでイスラム金融を視野に入れているということである。

　本書でみたように、イスラム金融を実践に移す場合には、利子回避のためのストラクチャリングが必要となり、余計な手間なようにもみえるかもしれない。しかしイスラム金融は、自動販売機のように単純に提供できる金融サービスではない。基本としてはムスリムの顧客のために行うものであり、そのためには金融一般の知見にとどまらず、さまざまなマーケティング戦略、法律技術やシャリアの知識、現地語や現地のビジネス慣習、行政・外交の方向性など、さまざまな分野を統合して取り組む「知の総合芸術」のような金融だと思う。

　こうした奥の深い側面をもつ金融を活用して、日本の企業や金融機関が世界で活躍するきっかけとなることを、そして本書がその一助となることを、筆者として切に願っている。

読書案内——「イスラム金融」の地平と奥行きを求めて

　本書をここまで読み進められた読者諸氏におかれては、イスラム金融の概略を理解することができたとの認識になっていることを筆者としては期待する。とはいえイスラム金融という分野は、イスラムの要素であれその金融面への応用という部分であれ、きわめて多岐にわたる知の拡張の可能性をもっている。さまざまな制約のもとでそれを1冊の書物としてまとめることは筆者の能力を大幅に超越した難題となる。また、実務においても学術研究の対象とするうえでも、こうしたむずかしさは残るものであり、それが書籍としての執筆の方向性・着眼点をいっそうむずかしいものとする。このため「読書案内」というかたちで先達の業績を紹介することで、読者が次のステップに進む手がかりを示すこととしたい。なお、本来であれば、各テーマにつき英文文献もふんだんに紹介したいところだが、紙面の制約や読者の興味も勘案して和文を中心とし、英文文献はごく基本的なものに限ることとする。

(1) イスラム金融の応用編について

　本書のような、イスラム金融の基礎的なスキーム等を解説した英文テキストとしては、経験豊富な実務家であるAbdulkader ThomasやStella Coxらによる"Structuring Islamic Finance Transactions"（Euromoney、2005年）や第24講で解説したイス

ラム金融検定試験（IFQ）のテキストである"Islamic Finance Qualification (IFQ) The Official Workbook"(SII&ESA、2009年) が適切だろう。後者は、やや入手しにくいかもしれないが、英国の証券投資研究所（CISI。SIIから改名）とレバノンの大学ESAが共同で実施する同検定試験の教科書として、シャリア学者のチェックも入っているので、教義面での信頼性も高い良書である。

イスラム金融の各商品についての教義解釈や学説史の包括的把握を試みた学術文献に、本文でも言及した長岡慎介『現代イスラーム金融論』（名古屋大学出版会、2011年）がある。学術研究者でない限りかなり難解かもしれないが、金融の側面からイスラム経済システムの本質を探究した良書である。英文の類書であれば、イスラム金融に批判的な指摘も目立つEl-Gamal "Islamic Finance: Law, Economics, and Practice"(Cambridge、2006年）をやや異端ではあるが基本書としてあげておく。

各地における実態を知りたい、という読者には、濱田美紀・福田安志編『世界に広がるイスラーム金融—中東からアジア、ヨーロッパへ』（アジ研選書、2010年）がよいだろう。アジア経済研究所の地域研究の専門家等が、国によって異なるイスラム金融の状況を16カ国から概観しており、さながら「イスラム金融世界紀行」の雰囲気を味わうことができる。英文では、情報会社RedMoney社による"The Islamic Finance Handbook"（John Wiley & Sons (Asia)、2014年）を薦める。金融機関の取組みや制度的な進展などイスラム金融の実践の状況を33カ国に

ついて各国の専門家が記述した大著である。

⑵　イスラムそのものや経済思想について

「イスラム」そのものについて真正面から取り組む場合の基本書として、小杉泰『イスラームとは何か―その宗教・社会・文化』（講談社現代新書、1994年）や中田考『イスラームのロジック―アッラーフから原理主義まで』（講談社選書メチエ、2001年）をあげておく。また、本文でも述べた、経済に対して支援的なイスラムの教義理念を産んだ背景については、小杉泰『ムハンマド―イスラームの源流をたずねて』（山川出版社、2002年）を読むとよい。預言者に関する具体的な記述は、多方面にわたるイスラムに関する知識の礎ともなる。

イスラム圏の社会・政治事情をわかりやすく記した文献として、硬い分野については池内恵『イスラーム世界の論じ方』（中央公論新社、2008年）や日本経済新聞社編『イスラム―繁栄の弧のゆくえ』（日本経済新聞出版社、2008年）、ソフトに説明したものとして師岡カリーマ・エルサムニー『イスラームから考える』（白水社、2008年）や片倉もとこ『イスラームの日常世界』（岩波新書、1991年）をあげる。筆者がこれらの書籍から得た多様な知識は、イスラム金融界の実務家・当局者・研究者等とさまざまな話をする際に、イスラム圏の現場の光景を思い浮かべる格好の土台を構築してくれている。

そもそも、この分野に関する筆者の狭隘な知識に基づく情報よりも、斯界の第一線の研究者による研究指南の集大成である

小杉・林・東長編『イスラーム世界研究マニュアル』（名古屋大学出版会、2008年）を手元に置いたほうが、包括的かつ本格的な研究には有用だろう。

　他方、近年のメディアにおけるイスラム関連の偏った報道ぶりへの反省なのか、初心者向けにとっつきやすく解説した書籍も増えている。たとえば、対談形式の勝谷誠彦・中田考『日本でいちばんイスラームを知っている中田考先生に、灘高で同級の勝谷誠彦が教えてもらった！　日本一わかりやすいイスラーム講座』（アスコム、2015年）や、中田考『私はなぜイスラーム教徒になったのか』（太田出版、2015年）などは、イスラムやムスリムをより身近に感じることのできる文献である。「いちばん知っている」というような客観性に乏しい表現を含むタイトルは商業的要因に基づく出版社の趣味だとしても、そもそもイスラムに接する際には、信仰の内側からみるか、外側からアプローチするかという二つに大別されるなかで、これらの文献は「内側からの説明」を知ることのできる数少ない情報源である。類書に小村明子『日本とイスラームが出会うとき　その歴史と可能性』（現代書館、2015年）がある。なお、書籍ではなくウェブサイトだが、信仰の内側の事情を広範に解説したものとして『イスラーム情報サービス』（http://islam.ne.jp/）を紹介しておく。

⑶　**法学について**

　イスラム金融にも共通する部分の多い法学の考え方について

は、リバー部分について両角吉晃『イスラーム法における信用と「利息」禁止』（羽鳥書店、2011年）や、より一般的な法学的基礎について堀井聡江『イスラーム法通史』（山川出版社、2004年）を薦める。筆者には読みこなせないが、この分野の邦文文献の大著として、中田考『イスラーム法の存立構造：ハンバリー派フィクフ神事編』（ナカニシヤ出版、2003年）、柳橋博之『イスラーム財産法の成立と変容』（創文社、1998年）、同『イスラーム財産法』（東京大学出版会、2012年）をあげる。また、本書執筆中に初学者向けの入門書として中田考『イスラーム法とは何か』（作品社、2015年）が出版された。

　より金融実務に近い法律については、NetherrcottとEisenbergの編集による"Islamic Finance : Law and Practice"（Oxford University Press、2012年）がイスラム金融に関するさまざまな側面から法学的考察を行っており、この分野のスタンダードといえるだろう。Thani et al."Law and Practice of Islamic Banking and Finance"（Sweet & Maxwell Asia、2015年）はシャリア上の考え方や各商品について詳しく解説していてわかりやすい（初版では、マレーシアに関する制度的記述が古い時点のものであるうえ、表面的であり、当時の資料としての位置づけ以外にはなりにくい。また、ページ数の半分超となる300ページ以上を関連法令の掲載に割いており、厚いため物理的に扱いにくく不便であったが、上記の第3版では掲載資料も質のよいものとなっている）。和文では、現役の弁護士の論考である田中民之・西村あさひ法律事務所編著『中東諸国の法律事情とUAEの民法典』（経済産

業調査会、2013年）がその名のとおり中東イスラム圏の法制を紹介していて参考になる。

(4) 経済・ビジネス事情について

　経済面では、加藤博の一連の著作、なかでも『イスラム経済論　イスラムの経済倫理』（書籍工房早山、2010年）や『イスラム世界の経済史』（NTT出版、2005年）などがわかりやすい。ムハンマド・バーキルッ＝サドル『イスラーム経済論』（未知谷、1993年）は、古典的名著の邦訳だが、筆者の知識の欠如と複雑な論理構造を伴う書き振りのせいか、筆者には到底理解することのできない代物である。イスラムには限られない広い分野を対象としているが、エコノミストと宗教学者による水野和夫・島田裕巳『資本主義2.0：宗教と経済が融合する時代』（講談社、2008年）は、書名のとおり宗教と経済の融合に関する情報・示唆を与えてくれる。イスラムの文脈からはややそれるが、中東ビジネスの実態を具体的な事実をもとに詳述した名著に畑中美樹『中東湾岸ビジネス事情』（同友館、2009年）がある。氏の長年の経験と豊富な人脈からまとめられた同書は他に類をみない充実した情報で溢れている。また、イスラムビジネス法研究会・西村あさひ法律事務所編著『イスラーム圏ビジネスの法と実務』（経済産業調査会、2014年）は、イスラム圏諸国における実際のビジネスをめぐる法や制度、その根底にある教義理念や経済思想、またイスラム金融の現状などについて、法律家、学者、元・現役の官僚・外交官（大使経験者等）、ビジネ

ス経験者などが実に多様な側面から論じた、この分野に関心のある人にとっては非常に有益な文献である。さまざまなバックグラウンドをもつ研究会参加者が執筆したため、統一的な見解や筋道立った解説のある手順書ではないが、筆者が編集委員会を代表して執筆した「おわりに」にあるように、イスラムに関する多様な専門家からの情報により多元的なイスラム圏ビジネスの姿を知ることができるのが、本書の最大の魅力だろう。このため、法律事務所により編まれた「法」と名のつく書籍ではあるが、内容は法律に限られないため前項の「法学について」ではなくこちらに掲載した。

　より接しやすいのが、桜井啓子編『イスラーム圏で働く──暮らしとビジネスのヒント』（岩波新書、2015年）である。各地の実態を実際に住んだ経験のある方々が語っており、現地生活を疑似体験することができる。

　さて、この読書案内の執筆作業は、筆者がここ数年のイスラム金融研究を通じて得た知識を棚卸しているようであり、非常におもしろい。また、筆者自身にとっても便利な情報であるため、このまま延々と続けることができそうなのだが、そうすると書籍をもう1冊執筆するくらいの紙幅と時間と労力を要してしまいそうなので、このあたりで筆をおくこととする。

参考文献

[和文]

池内恵（2008）『イスラーム世界の論じ方』中央公論新社

イスラム金融検討会編著（2008）『イスラム金融―仕組みと動向』日本経済新聞出版社

イスラムビジネス法研究会・西村あさひ法律事務所編著（2014）『イスラーム圏ビジネスの法と実務』経済産業調査会

上田正勝（2012）「イスラム債の実態に関する調査研究」『税大論叢』74号

上野泰也（2015）『トップエコノミストが教える　金融の授業』かんき出版

大垣尚司（2010）『金融と法―企業ファイナンス入門』有斐閣

太田康弘（2007）「会計基準間の競争とコンバージェンス」『企業会計』Vol.59 No.3

片倉もとこ（1991）『イスラームの日常世界』岩波新書

勝谷誠彦・中田考（2015）『日本でいちばんイスラームを知っている中田考先生に、灘高で同級の勝谷誠彦が教えてもらった！日本一わかりやすいイスラーム講座』アスコム

加藤博（2005）『イスラム世界の経済史』NTT出版

加藤博（2010）『イスラム経済論―イスラムの経済倫理』書籍工房早山

北村歳治・吉田悦章（2008）『現代のイスラム金融』日経BP社

小杉泰（1994）『イスラームとは何か―その宗教・社会・文化』講談社現代新書

小杉泰（2002）『ムハンマド―イスラームの源流をたずねて』山川出版社

小杉泰・長岡慎介（2010）『イスラーム銀行―金融と国際経済』イスラームを知る12、山川出版社

小杉泰・林佳世子・東長靖編（2008）『イスラーム世界研究マニュアル』名古屋大学出版会

小村明子（2015）『日本とイスラームが出会うとき　その歴史と可

能性』現代書館
斎藤創（2014）「第15章　イスラーム金融のスキーム紹介」イスラームビジネス法研究会・西村あさひ法律事務所編著『イスラーム圏ビジネスの法と実務』経済産業調査会
桜井啓子編（2015）『イスラーム圏で働く──暮らしとビジネスのヒント』岩波新書
田中民之・西村あさひ法律事務所編著（2013）『中東諸国の法律事情とUAEの民法典』経済産業調査会
月岡崇（2008）「日本法の下でのイスラム金融」『証券アナリストジャーナル』Vol.46 No.8 2008年8月、社団法人日本証券アナリスト協会
長岡慎介（2008）「イーナとタワッルクからみた現代イスラーム金融のダイナミズム──地域的多元性から東西市場の融合へ」『イスラーム世界研究』第2巻1号、163-182頁
長岡慎介（2009）「金融機関のリクイディティ・マネジメント手法からみたイスラーム金融の多様性とグローバル化──イスラーム金融論における『西厳東緩論』再考のために」福田安志編『イスラーム金融のグローバル化と各国の対応調査研究報告書』アジア経済研究所
長岡慎介（2010）「流動性管理手法からみたイスラーム金融の多様性再考」濱田美紀・福田安志編『世界に広がるイスラーム金融　中東からアジア、ヨーロッパへ』アジ研選書23、アジア経済研究所
長岡慎介（2011）『現代イスラーム金融論』名古屋大学出版会
中沢新一（2009）『緑の資本論』筑摩書房
中田考（2001）『イスラームのロジック──アッラーフから原理主義まで』講談社選書メチエ
中田考（2003）『イスラーム法の存立構造：ハンバリー派フィクフ神事編』ナカニシヤ出版
中田考（2007）『イスラーム私法・公法概説──財産法編』日本サウディアラビア協会
中田考（2015a）『私はなぜイスラーム教徒になったのか』太田出版
中田考（2015b）『イスラーム法とは何か』作品社

日本経済新聞社編（2008）『イスラム―繁栄の弧のゆくえ』日本経済新聞出版社
畑中美樹（2009）『中東湾岸ビジネス事情』同友館
濱田美紀・福田安志編（2010）『世界に広がるイスラーム金融―中東からアジア、ヨーロッパへ』アジ研選書23、アジア経済研究所
堀井聡江（2004）『イスラーム法通史』山川出版社
水野和夫・島田裕巳（2008）『資本主義2.0：宗教と経済が融合する時代』講談社
武藤幸治（2005）「急速に広がるイスラム金融市場」『季刊国際貿易と投資』62
ムハンマド・バーキルッ=サドル（1993）『イスラーム経済論』未知谷
師岡カリーマ・エルサムニー（2008）『イスラームから考える』白水社
両角吉晃（2011）『イスラーム法における信用と「利息」禁止』羽鳥書店
柳橋博之（1998）『イスラーム財産法の成立と変容』創文社
柳橋博之（2012）『イスラーム財産法』東京大学出版会
湯川昌紀（2015）「銀行本体のイスラム金融に関する主要行等向けの総合的な監督指針等の改正」『金融』2015.5　No.818、一般社団法人全国銀行協会
吉田悦章（2007）『イスラム金融入門』東洋経済新報社
吉田悦章（2008）『イスラム金融はなぜ強い』光文社
吉田悦章（2010）「イスラム金融に関する意義ある税制改正要望」ロイターCOLUMNインサイト2010年10月20日付
吉田悦章（2014）「イスラム金融の近況と日系機関の取り組み」2014年4月25日開催「イスラム開発銀行セミナー」（主催：イスラム開発銀行、国際協力銀行、海外投融資情報財団）での講演資料
吉田悦章・岩元聡美（2012）「日本版スクーク（イスラム債）の概要と会計・税務」『企業会計』Vol.64 No.3
吉田悦章・長岡慎介（2010）「イスラーム金融の現在と変容する多

様性」濱田美紀・福田安志編『世界に広がるイスラーム金融 中東からアジア、ヨーロッパへ』アジ研選書23、アジア経済研究所

[英文]

AAOIFI (Accounting and Auditing Organisation for Islamic Financial Institutions) (2010) "Shari'a Standard" English Version

AOSSG (Asian-Oceanian Standard-Setters Group) (2015) "Financial Reporting by Islamic Financial Institutions: A study of Financial Statements of Islamic Financial Institutions" March 2015

Bahrain Monetary Agency (2002) "Islamic Banking & Finance in the Kingdom of Bahrain"

BearingPoint Institute (2015) "The rise of Islamic finance"

Chapra, M. Umer (2008) "The Global Financial Crisis: Can Islamic Finance Help Minimize the Severity and Frequency of such a Crisis in the Future?", A paper prepared for presentation at the Forum on the Global Financial Crisis held at the Islamic Development Bank on 25 October 2008

Chapra, M. Umer (2009) "The Global Financial Crisis: Some Suggestions for Reform of the Global Financial Architecture in the light of Islamic Finance" Kyoto Series of Islamic Area Studies

El-Gamal, Mahmoud A. (2006) "Islamic Finance: Law, Economics, and Practice" Cambridge

HFR (Hedge Fund Research) (2015) "HFR Global Hedge Fund Industry Report: Q2 2015"

IFSB (Islamic Financial Services Board) (2005) "Guiding Principles of Risk Management for Institutions (other than Insurance Institutions) Offering Only Islamic Financial Services"

IFSB (Islamic Financial Services Board) (2013) "Revised

Capital Adequacy Standard for Institutions Offering Islamic Financial Services [Excluding Islamic Insurance (Takaful) Institutions and Islamic Collective Investment Schemes]"
- IFSB (Islamic Financial Services Board), IDB (Islamic Development Bank) and IRTI (Islamic Research & Training Institute) (2010) "Islamic Finance and Global Financial Stability"
- IMF (International Monetary Fund) (2015) "Global Financial Stability Report: April 2015"
- IRTI (Islamic Research & Training Institute) (2014) "Islamic Social Finance Report 2014"
- IRTI (Islamic Research & Training Institute) (2015) "Islamic Social Finance Report 2015"
- Kamso, Noripa (2013) "Investing In Islamic Funds: A Practitioner's Perspective" John Wiley & Sons (Asia)
- Mohieldin, Mahmoud (2012) "Realizing the Potential of Islamic Finance" Economic Premise No.77, The World Bank
- Netherrcott, Craig R. and David M. Eisenberg (eds), (2012) "Islamic Finance: Law and Practice" Oxford University Press
- Pew Research Center (2015) "The Future of World Religions: Population Growth Projections, 2010-2050"
- Rahman, Abdul Rahim Abdul (2010) "An Introduction to Islamic Accounting: Theory and Practice" Centre for Research and Training
- RedMoney (ed.) (2014) "The Islamic Finance Handbook: A Practitioner's Guide to the Global Markets" John Wiley & Sons (Asia)
- Rogoff, Kenneth (2011a) "Global Imbalances without Tears" Project Syndicate, March 1
- Rogoff, Kenneth (2011b) "What Impalances after the Crisis" Banque de France International Symposium: Regulation in the Face of Global Imbalances
- Rosly, Saiful Azhar (2005) "Critical Issues on Islamic Banking and Financial Markets" Dinamas Publishing

- SII (Securities & Investment Institute) and ESA (Ecole Superieure des Affaires) (2009) "Islamic Finance Qualification (IFQ) The Official Workbook" Edition 3
- Thani, Nik Norzrul, Mohamed Ridza Abdullah, and Megat Hizaini Hassan (2015) "Law and Practice of Islamic Banking and Finance (3rd edition)" Sweet & Maxwell Asia
- TheCityUK (2015) "The UK: Leading Western Centre for Islamic Finance"
- Thomas, Abdulkader, Stella Cox, and Bryan Kraty (2005) "Structuring Islamic Finance Transactions" Euromoney Books
- Yoshida, Etsuaki (2014) "Japan: Comprehensive Picture of Islamic Finance", in RedMoney (ed.) The Islamic Finance Handbook: A Practitioner's Guide to the Global Markets, John Wiley & Sons (Asia)
- Zaid Ibrahim & Co. (2010) "Demystifying Islamic Finance: Correcting Misconceptions, Advancing Value Propositions"

事項索引

英字
AAOIFI …… 25, 61, 112
AOSSG …… 112
BGREF …… 88
CIMB …… 67
ESG …… 23
ETF …… 65, 91
ICD …… 77
ICIEC …… 77
IDB …… 77
IFSB …… 77, 122, 125
IIFM …… 59, 69
IILM …… 136
IMF …… 31, 141
INCEIF …… 119
ISDA …… 69
Jスクーク …… 98
SBIホールディングス …… 85
SNS …… 13
SPC …… 58, 89
SRI …… 23

あ
アイン …… 90
アラビア語 …… 24
アルブン …… 68

い
イオン …… 85
イジャラ …… 41, 66
イジャラ・ワ・イクティナ …… 50
イスティスナ …… 41
イスラム開発銀行 …… 77
イスラム債 …… 58
インスパイア …… 85

う
ウィンドウ …… 11

え
英国 …… 8
エクイティ …… 34

お
オイルマネー …… 6, 7
オリックス …… 85

か
ガラル …… 70
環境ファイナンス …… 23

き
京都大学 …… ii, 120
銀行法 …… 92
金融庁 …… 93, 98

く
クウェート・ファイナンス・ハウス …… 67

クルアーン（コーラン）
　……………………24, 28

こ
ゴールドマン・サックス……8
国際協力銀行……………77
コモディティ・ムラバハ
　……………………44, 66
コンベンショナル…………11

さ
ザカート……………………13

し
社会的責任投資……………23
シャリア………………3, 10
シャリア学者………………26
シャリア・コンサルティ
　ング会社…………100, 111
シャリア・スクリーニン
　グ…………………26, 62
シャリア適格…………4, 62
シャリア標準…………61, 110
シンガポール………………8

す
スクーク……………………58

せ
世界銀行…………………141

そ
ソブリン・ウェルス・
ファンド……………………6

た
大和証券グループ…………82
ダイン………………………90
タカフル…………………8, 70

て
ディミニッシング・ム
　シャラカ…………………45
デリバティブ………………66

と
ドイツ………………………8
東京海上……………………73
東京海上グループ…………83
トヨタ………………………85
トルコ………………………8

に
日本銀行……………………77
日本版スクーク…………60, 98

の
野村證券グループ…………82
ノン・リコース……………57

は
バーゼルⅢ………………124
ハディース…………………33
ハラム…………………10, 20
ハラル………………………10

ふ

ファトワ ……………………… 26
ブビヤン銀行 ………………… 88
プライベート・エクイティ ………………………… 140
フランス ……………………… 8
プロジェクト・ファイナンス ………………………… 57
プロフィット・レート ……… 59
プロフィット・レート・スワップ ……………………… 66

へ

ペトロダラー …………………… 6

ほ

香港 ……………………………… 8

ま

マイクロファイナンス …… 8, 34
マイシール …………………… 70

み

みずほ銀行 ……………… 84, 93

三

三井住友海上 …………… 73, 83
三井住友銀行 …………… 83, 93
三菱東京UFJ銀行 ……… 84, 93
南アフリカ ……………………… 8

む

ムシャラカ …………………… 41
ムスリム ……………………… 21
ムダラバ ………………… 41, 55
ムラバハ ……………………… 41

も

モロッコ ……………………… 8

り

リバー …………………… 10, 70

る

ルクセンブルク ……………… 8

わ

ワカラ ………………………… 55
早稲田大学 …………………… ii

■著者略歴■

吉田　悦章（よしだ　えつあき）

ハーバード大学留学後、一橋大学商学部卒業。京都大学博士（地域研究）。日本銀行にて、国際局、金融市場局、調査統計局等で国際金融市場分析や日本経済調査に従事。その後、国際協力銀行でイスラム金融等の国際業務戦略、アフリカ・中東政府向け融資、アジア・中東諸国のリスク分析等を担当。2008年に早稲田大学ファイナンス研究センター客員准教授に就任し、大学院ファイナンス研究科にてイスラム金融を講義。2015年、京都大学大学院アジア・アフリカ地域研究研究科特任准教授。
主な著書に、『イスラム金融入門』（東洋経済新報社）、『イスラム金融はなぜ強い』（光文社）、『現代のイスラム金融』（日経BP、共著）など。国内・海外でのイスラム金融に関する講演等多数。

KINZAIバリュー叢書
はじめてのイスラム金融

平成28年3月24日　第1刷発行

著　者　吉　田　悦　章
発行者　小　田　　徹
印刷所　三松堂印刷株式会社

〒160-8520　東京都新宿区南元町19
発　行　所　一般社団法人 金融財政事情研究会
　　編集部　TEL 03(3355)2251　FAX 03(3357)7416
販　　　売　株式会社きんざい
　　販売受付　TEL 03(3358)2891　FAX 03(3358)0037
　　　　URL http://www.kinzai.jp/

・本書の内容の一部あるいは全部を無断で複写・複製・転訳載すること、および磁気または光記録媒体、コンピュータネットワーク上等へ入力することは、法律で認められた場合を除き、著作者および出版社の権利の侵害となります。
・落丁・乱丁本はお取替えいたします。定価はカバーに表示してあります。

ISBN978-4-322-12864-2

KINZAI バリュー叢書 好評発売中

ゼロからわかる 積立投資のススメ方
●星野泰平[著]・四六判・244頁・定価(本体1,800円+税)

ゼロからわかる 金融リスク管理
●森本祐司[著]・四六判・228頁・定価(本体1,400円+税)

ゼロからわかる 新規融資・成長支援
●小林 守[著]・四六判・164頁・定価(本体1,300円+税)

ゼロからわかる 事業再生
●松嶋英機[編著]横山兼太郎[著]・四六判・232頁・定価(本体1,200円+税)

ゼロからわかる 損益と資金の見方
●都井清史[著]・四六判・180頁・定価(本体1,300円+税)

決済から金融を考える
●木下信行[著]・四六判・204頁・定価(本体1,600円+税)

ザ・地銀──構造不況に打ち克つ長期ビジョン経営
●髙橋昌裕[著]・四六判・240頁・定価(本体1,600円+税)

デリバティブとはさみは使いよう
●岩橋健治[著]・四六判・184頁・定価(本体1,600円+税)

ベトナム銀行セクター
●荻本洋子・磯崎彦次郎・渡邉元雄[編著]・
　四六判・140頁・定価(本体1,200円+税)

内部監査入門
●日本金融監査協会[編]・四六判・192頁・定価(本体1,600円+税)

金融機関のガバナンス
●天谷知子[著]・四六判・192頁・定価(本体1,600円+税)

日米欧の住宅市場と住宅金融
●独立行政法人 住宅金融支援機構 調査部[編著]・
　四六判・324頁・定価(本体1,800円+税)

責任ある金融
——評価認証型融資を活用した社会的課題の解決
●日本政策投資銀行 環境・CSR部[著]・
　四六判・216頁・定価(本体1,600円+税)

郵政民営化と郵政改革
——経済と調和のとれた、地域のための郵便局を
●郵政改革研究会[著]・四六判・236頁・定価(本体1,400円+税)

続・郵政民営化と郵政改革——新たな郵政民営化
●郵政改革研究会[著]・四六判・160頁・定価(本体1,400円+税)

住宅ローンのマネジメント力を高める
――攻めと守りを実現する住宅ローンのビジネスモデル
●本田信孝・三森　仁[著]・四六判・228頁・定価(本体1,600円+税)

会社法による決算の見方と
最近の粉飾決算の実例解説
●都井清史[著]・四六判・228頁・定価(本体1,400円+税)

金融危機の本質――英米当局者7人の診断
●石田晋也[著]・四六判・260頁・定価(本体1,600円+税)

金融リスク管理の現場
●西口健二[著]・四六判・236頁・定価(本体1,400円+税)

営業担当者のための
心でつながる顧客満足〈CS〉向上術
●前田典子[著]・四六判・164頁・定価(本体1,400円+税)

粉飾決算企業で学ぶ
実践「財務三表」の見方
●都井清史[著]・四六判・212頁・定価(本体1,400円+税)

金融機関のコーチング「メモ」
●河西浩志[著]・四六判・228頁・定価(本体1,800円+税)